기독교문서선교회 (Christian Literature Center: 약칭 CLC)는 1941년 영국 콜체스터에서 켄 아담스에 의해 시작되었으며 국제 본부는 미국 필라델피아에 있습니다. 국제 CLC는 59개 나라에서 180개의 본부를 두고, 약 650여 명의 선교사들이 이동도서차량 40대를 이용하여 문서 보급에 힘쓰고 있으며 이메일 주문을 통해 130여 국으로 책을 공급하고 있습니다. 한국 CLC는 청교도적 복음주의 신학과 신앙서적을 출판하는 문서선교기관으로서, 한 영혼이라도 구원되길 소망하면서 주님이 오시는 그날까지 최선을 다할 것입니다.

추천사 1

이 의 원 목사
동탄 생명나무교회 담임목사
현) 백석총회 중원노회 노회장
현) CTS 부흥사협의회(대표총재 윤호균목사) 총괄강사단장

이번에 김광복 목사님이 출간하신 책 『광야』를 통해 인생과 사역 그리고 우리가 살아가는 현실이 단순히 고난을 견뎌 내는 곳이 아닌 하나님을 인격적으로 만나는 장소임을 다시금 알게 합니다. 그리고 그 속에서 나를 발견하고 하나님과의 관계 속에서 시작된 참된 신앙의 회복과 삶의 목표를 다시금 찾게 하는데 이 책이 기여할 것입니다. 또한, 서로에게 소망이 되고 위로가 되기에 많은 분이 이 책을 통해 함께 그 길을 찾길 소원합니다.

추천사 2

김 준 희 목사
사) 한국기독교보수교단협의회 사무총장
강서준 심리상담연구소 소장
요한의교회 협동목사

광야! 모세가 광야에서 뱀을 든 것 같이 그렇게 사람의 아들이 반드시 들려야 한다는 것을 설명하고 있습니다. 광야는 준비하는 곳이며, 겸손해 지는 곳이며, 주위를 돌아보게 하는 곳입니다. 바로 주님이 기뻐하시는 뜻이 이루어지는 곳입니다.

그러므로 『광야』는 세상에서 물질로 시달리고, 사람에게 시달리고, 악에 시달리는 신앙인들에게 길잡이가 되어 줄 것입니다. 이 책은 광야를 통과해야만 하는 우리의 인생 가운데 답을 알게 하고 협력하게 해 주는 그런 책입니다. 그래서 적극 추천합니다.

추천사 3　　　　　　　　　　　　　　　　　　　　　**홍 성 헌 목사**
전 KBS 성우 22기

　저자는 이 책에서 광야는 인생의 존재 이유와 함께 정체성을 확인하는 곳이자 존재의 근원 되신 하나님을 인식하는 곳이며 하나님으로부터 존재 이유의 답을 얻는 곳임을 역설합니다. 무엇보다 광야는 예수 그리스도의 진정한 복음이 시작되고 그 영광이 온전히 드러나는 곳임을 웅변합니다. 이 책을 읽는 모든 이들이 그리스도인에게 주어진 인생 광야의 의미를 새롭게 되새기는 가운데 지난(至難)한 광야 여정을 올곧게 걸어 낼 수 있는 지혜를 얻게 되길 기도하며 기쁘게 추천합니다.

추천사 4　　　　　　　　　　　　　　　　　　　　　　　**권 혁 범**
용인 언남초등학교 교장, 수원 경원교회 장로

　몇 년 전, 북라이크 작품 전시회에서 김광복 목사님을 처음 만났을 때 느꼈던 편안함, 겸손함과 순수함을 잊을 수가 없었는데 저자의 삶을 바탕으로 기록된 이 책은 나에게 또 다른 울림과 메시지를 주고 있습니다.

　여기에 펼쳐지는 광야는 목사님 자신만이 걸어온 광야가 아닙니다. 사람들 누구에게나 고난처럼 다가오는 광야의 순간을 목회자의 신앙적 통찰력으로 우리에게 묻고 있습니다. 깊은 어둠 속, 캄캄한 밤을 걷고 있는 이 시대 사람들에게 저자는 빛과 위로자 되시는 하나님을 만날 때 참 행복을 얻게 됨을 따뜻한 언어와 체험적 시선으로 이야기하고 있습니다.

　이 책을 읽는 우리가 모두 『광야』를 통해 진정 자기를 발견하고 회복하는 시간이 되기를 소망합니다. 어두운 밤에 더욱 반짝이는 별처럼, 삶의 이정표 없이 광야의 길을 걷고 있는 이들에게 하나님의 선물 같은 눈부신 날들이 이어지기를 기도합니다.

추천사 5

하 귀 선 사모
사모다움선교회 대표

날아다니는 새들을 보면 상처 없는 새가 없고 걸어 다니는 사람마다 사연없는 사람이 없습니다. 성령의 감동과 탁월한 필력으로 써 내려간 광야에서의 고백은 누구도 흉내 낼 수 없는 보석입니다.

추천사 6

최 생 금
코리아드림뉴스 대표기자

국내외 정세 불안과 경제적인 어려움, 기후 위기 등 세상 소식은 우리의 마음을 무겁게 하고 부정적인 시각을 갖게 합니다. 하루하루 살아가는 순간이 광야처럼 다가올 수 있습니다.

그러나 그리스도인들은 광야라는 훈련의 장소에서 연단을 통해 더욱 값지고 귀한 것들을 경험할 수 있습니다. 저자는 『광야』를 통해 우리가 살아가는 현실은 광야와 같다고 말합니다. 그리고 광야에서 만나는 많은 문제 속의 해결책은 하나님을 만나야 된다고 방향을 제시하고 있습니다.

육상 선수가 목적지를 향해 달려가다가 반환점을 만나게 되면 원래의 출발지를 향해 달릴 수 있습니다. 그러나 그에게 반환점이 없이 계속해서 경주해야 한다면 아마도 크나큰 고통과 피로감으로 결국에는 쓰러질 것입니다. 어떤 이에게는 광야가 고통의 시간이 될 수 있지만, 광야를 통해 주님을 만나 구원의 기쁨을 누릴 수 있습니다.

지금 광야라는 곳에 처해 있다면 이번 기회에 자신을 돌아볼 수 있습니다. 현재 광야의 터널에 갇혀 있는 분이 있다면 이 책을 통해 깨닫고 승리하며 성공적인 인생이 될 수 있는 나침판이 될 것입니다. 독자 여러분 앞에 운명적인 장애물이 있다면 인생을 도전하면서 하나님을 찾아 최후 승리를 꿈꾸는 주인공이 되기를 바랍니다.

이 책을 통해 다시금 새로운 힘을 얻고 예수님의 사랑과 은혜를 깨달으며 복음을 삶에서 실천하기를 소망합니다.

추천사 7

김 광 용
사진작가

　김광복 목사님이 제자로서의 삶을 살면서 감동으로 쓴 이 책은 독자를 광야의 심장부로 데려가는 생생한 묘사로 우리의 여정을 하나님께로 가는 길을 명쾌하게 알려 주고 있습니다. 과연 행복한 길을 어떻게 빠르게 가는지 이 책에서 인도할 것입니다.
　앞으로 몇 년 동안 독자들에게 공감을 불러일으킬 특별한 이야기를 찾는 모든 독자님에게 김광복 목사님의 저서 『광야』를 진심으로 추천합니다.

추천사 8

김 봉 곤
청학동 예절학교 훈장, 교육전문가

　김광복 목사님과는 십여 년의 인연이 있는 데 우선 『광야』 출간을 진심으로 축하드립니다.
　이 책을 읽으면서 문득 이런 생각이 듭니다. 우리가 광야라는 인생길을 걸어가다 보면 어떤 사람에게는 광야가 고통이 수반되는 곳일 수도 있겠고 또 어떤 사람에게는 광야가 행복의 장일 수도 있을 것입니다. 하지만 우리 삶의 긴 여정 속에 광야를 통과하지 않고서는 결코 인생의 참 의미를 깨닫지 못할 수도 있겠구나 싶습니다.
　"광야"라는 주제에는 이미 수많은 의미와 해석이 담겨 있습니다만 김 목사님의 이 책은 종교 여부를 떠나 많은 사람에게 좋은 지침서가 되리라 생각됩니다.

광야

Wilderness
Written by *KwangBok Kim*
All rights reserved.
Korean Edition Copyright ⓒ 2023 by Christian Literature Center, Seoul, Korea.

광야

2023년 7월 20일 초판 발행

지 은 이 | 김광복

편　　집 | 도전욱
디 자 인 | 서민정
펴 낸 곳 | (사)기독교문서선교회
등　　록 | 제16-25호(1980. 1. 18.)
주　　소 | 서울특별시 동대문구 천호대로71길 39
전　　화 | 02-586-8761~3(본사) 031-942-8761(영업부)
팩　　스 | 02-523-0131(본사) 031-942-8763(영업부)
이 메 일 | clckor@gmail.com
홈페이지 | www.clcbook.com
송금계좌 | 기업은행 073-000308-04-020 (사)기독교문서선교회
일련번호 | 2023-67

ISBN 978-89-341-2578-5 (03230)

이 책의 출판권은 (사)기독교문서선교회가 소유합니다. 신저작권법에 의하여
한국 내에서 보호를 받는 저작물이므로 무단 전재와 무단 복제를 금합니다.

WIDERNESS

광야

세상 한 가운데서 인생의 해답을 찾고자 하는 이들에게
영적인 갈급함과 문제의 실마리들 속에서
어떻게 살아가야 할지 모를 때
살아계신 하나님만이 인생의 해답임을
이 책을 통해 발견하게 될 것입니다.

김광복 지음

CLC

세상 한 가운데에서 인생의 해답을 찾고자 하는 이들에게
영적인 갈급함과 문제의 실마리들 속에서
어떻게 살아가야 할지 모를 때
살아계신 하나님만이 인생의 해답임을
이 책을 통해 발견하게 될 것이다.

하나님의 사랑에 의해 만들어진 존재는 그 사랑을 발견하기까지는 이 땅에 가치 없는 것에 투자하고 생명 없는 곳에 자기 이름을 내세운다. 그래서 사울이라는 이름의 명성이 그에게는 존재 이유가 된 것이다. 그러기에 자기 명예가 손실될까봐 다윗을 죽이려고 했 다.

인생의 중요한 목적을 깨달은 사람은 자기가 어느 위치에 서야 할 것인지를 아는 사람이다. 우리가 존재하는 이유는 사랑하고 용서하고 섬기고 희생하고 헌신하기 위해서이다. 때문에 광야로의 부르심을 받은 것이다.

좀 더 가져야 하고 좀 더 잘 나가야 하는 것이 우리의 인생 아닌가?

인간은 태어나면서부터 배워야 할 존재이고 다스림을 받아야 할 존재이다. 창조주로부터 배우고 다스림을 받아야 한다. 존재의 이유에 대해서는 우리 인간이 다 알 수는 없지만 인간이라면 누구나 사랑받기 위해 태어난 존재라는 것을 알아야 한다. 세상 만물은 우리를 위해 존재하는 것이다.

광야의 인생길을 가는 동안 많은 질문 앞에 우리는 그 존재 이유를 알아야 한다. 광야는 나의 존재에 대해 확인해 주는 곳이고 나의 정체성을 보여 주는 곳이다.

인생의 광야 한복판에 서 있는가?

자기를 돌아볼 기회다. 신앙은 자신을 돌아보는데서 부터 시작된다. 광야는 앞으로 진행될 일들에 대한 기대로 가득 찬 곳이다.

하나님의 손길을 보기 원하는가?

광야에 머물라!

광야는 내가 다시 태어나는 곳이다. 예수 그리스도의 진정한 복음이 시작되는 곳이 바로 광야이다. 모세는 광야에서 하나님의 부르심을 받았다. 광야에서의 삶이란 기대 이상의 삶이다. 즉, 우리의 존재를 알게 해 주고 하나님의 사랑이 깃든 곳이며 우연이 아닌 필연적인 존재로 살아가게 만드는 곳이다. 광야는 십자가의 사랑을 깨닫게 해 주는 곳이다.

풀 한 포기 나지 않는 곳이며 막막한 인생의 벌판 앞에 우리가 할 수 있는 것은 하나님을 붙잡는 것이다. 광야는 하나님 없이는 살아갈 수 없는 곳이다. 그곳은 내가 죽어지는 곳이고 내가 거듭나는 곳이며 나의 꿈과 비젼을 갖게 하는 곳이다.

수많은 하나님의 사람은 광야에서 훈련을 통해 진정한 하나님의 사람으로 거듭났다. 광야는 사람이 살기에 적절치 못한 외로운 장소이다. 그래서 광야를 소위 "씨뿌리지 못하는 땅"(렘 2:2), "사람 없는 땅"(욥 38:26), "짐승이 부르짖는 곳"(신 32:10)으로 불렸으며 이런 땅을 여행하는 것은 참으로 어렵고 위험한 일이었다.

신앙의 위대한 사람들은 이런 광야에서 하나님을 만나고 하나님과 신령한 교제를 나누기도 했다. 하나님은 때로 성도의 삶에 신령한 교제를 나누기 위한 방편으로 죽음을 통과하는 그런 혹독한 훈련을 하게 하실 때가 있다. 십자가의 죽음을 맛본 자만이 광야에서 삶이 그리운 법이다.

광야는 우리를 훈련하는 은둔의 장소이며 경건의 훈련처이기도 하다. 하나님은 광야와 같은 세상에서 믿는 자들을 훈련하신다. 길이 없는 곳에 길을 내시고 높은 산을 평지가 되게 하신다.

광야 학교에서 수석으로 졸업한 바울은 그가 예수님을 만난 후 삶이 온통 죽는 훈련의 삶이었다. 광야는 바로 내가 죽는 곳이다. 죽어야 길이 보이고 죽어야 사는 곳이 바로 광야의 삶이다. 당신이 만약 광야의 길을 걷고 있다면 해야 할 것은 딱 하나다.

그것은 말씀에 의해 당신 자신이 죽는 것이다. 그래야 광야 가운데 하나님의 뜻을 알 수 있고 사명을 깨닫게 되고 하나님께서 말씀하시는 음성을 듣게 될 것이다.

> 네 하나님 여호와께서 이 사십 년 동안에 너로 광야의 길을 걷게 하신 것을 기억하라 이는 너를 낮추시며 너를 시험하사 네 마음이 어떠한지 그 명령을 지키는지 아니 지키는지 알려 하심이라(신 8:2).

하나님은 광야와 같은 인생길에서 우리를 시험하신다. 때로는 물질로, 때로는 인간관계로, 때로는 환경으로, 우리를 시험하신다. 그것은 우리의 순종과 불순종의 여부에 달려있다. 그리스도인이라면 누구나 광야를 통과해야만 한다.

광야는 마귀의 시험도 있는 곳이다. 예수님은 40일 금식기도 후에 성령에게 이끌리어 광야에서 마귀에게 시험받으셨다(마 4:1-11). 그것은 인간이 가장 중요시하는 의식주 문제였다.

돌들로 떡덩이가 되게 하라!
성전 꼭대기에서 뛰어내리라!
나에게 경배하면 세상에 있는 모든 것을 네게 주겠다!

이것이 마귀가 주는 달콤한 시험이었다. 그런데 예수님은 이 모든 시험을 하나님의 말씀으로 이기셨다. 마귀는 그럴듯하게 우리의 삶 속에 들어와 우리를 시험한다. 우리가 존재하는 이유는 인간은 먹는 것으로 사는 존재가 아니라는 것이다. 물론, 우리의 육신은 먹어 줘야 생명을 유지할 수 있다.

그러나 영혼이 죽어버린 육신은 껍데기 인생에 불과하다. 그의 존재는 바람에 부는 먼지와 같고 시드는 풀과 같다. 사람은 떡으로만 사는 존재가 아니라 하나님 말씀으로 사는 존재이다.

우리가 존재하는 이유는 하나님의 사랑 때문이다. 그 사랑은 만물에 잘 나타나 있다. 세상은 당신을 위해 존재한다. 세상 때문에 당신이 존재하는 것이 아니다. 그만큼 당신은 이 세상에서 가장 가치 있고 존귀한 자인 것이다. 하나님의 창조 목적에 의해 지어진 당신이기에 이 땅에 존재하는 가장 큰 이유가 되는 것이다.

이 사실을 모른다면 광야의 삶은 더욱 괴로울 수밖에 없다. 세상에서 이해되지 않는 일들이 줄곧 있기 마련이다. 하지만 하나님을 아는 만큼 세상에서 경험되어지는 모든 것은 나에게 감사로 다가오게 되는 것이다.

> 너는 범사에 감사하라 … (살전 5:18).

범사에 감사하라는 것은 어느 부분에서만 감사하라는 말이 아니라 모든 삶 자체에 감사해야 한다는 것이다. 하나님은 우리에게 주어지는 모든 사건과 상황 속에서 놀라운 계획과 뜻을 갖고 계신다. 광야의 길을 걷고 있는 우리는 반드시 이정표를 보아야 한다. 그 이정표는 하나님의 말씀이다. 하나님의 말씀으로 살아야만 살 수 있는 곳이 바로 광야이다.

광야에서 우리가 존재할 수밖에 없는 확실한 근거를 제시해 주는데 그것은 우리의 연약함이다. 연약한 인생이 모든 것을 할 수 있다고 자부한다. 그것이 바로 죄인 된 인간의 성품이다.

모세는 떨기나무 불꽃 가운데에서 하나님을 만났다. 하나님은 모세에게 말씀하셨다.

> … 네 발에서 신을 벗으라(출 3:5).

그동안 자기를 믿고 살아왔던 모든 것을 이제는 하나님께 위임해 드리는 것이다. 자존심이 걸린 문제이기도 하다. 이제는 나의 계획과 나의 의지, 나의 경험 … 이 모든 것을 하나님께 굴복시키고 나를 드리는 것이다. 하나님이 사람을 이끄시는 방법은 나를 내려놓는 것이다. 나를 내려놓아야 하나님이 쓰신다.

특히, 광야에서의 삶은 더욱 그렇다. 많이 배웠다거나 많은 물질을 소유했다고 해서 광야를 평탄하게 걸어가는 곳이 아니다. 광야는 그야말로 사람이 살 수 없는 곳이다. 누군가의 도움이 없이는 살 수 없는 곳이 광야이다. 치열한 전투와 우리를 위협하고 두렵게 하는 곳이 바로 광야이다.

복음을 경험하기 전에 광야를 통해 하나님은 말씀하신다. 우리를 광야로 이끄시는 분은 성령님이시다. 그분이 우리의 체질과 성품과 모습을 잘 안다. 그래서 광야를 통해 그리스도의 체질로 바꾸어 가신다.

광야에서도 살아남을 수 있는 것은 하나님의 은혜이다. 광야를 통해 내가 낮아지고 광야를 통해 순종과 불순종이 확실히 결정되기 때문이다. 하나님의 뜻은 광야에 있다. 보이지 않고 들리지 않고 잡히지 않아도 믿음으로 걸어갈 수 있다는 것은 광야에서의 삶이 하나님이 원하시는 삶이기 때문이기도 하다.

하나님의 음성과 뜻은 우리의 삶이 평탄하고 잘 나갈 때 들리지 않고 이루어지지 않는다. 내 계획에 차질이 생겼을 때 내 생각대로 안 될 때 그때가 광야로 들어설 때이다.

광야가 당신에게 무거운 짐이 되는가?

무거운 짐이 된다면 하나님 앞에 나 자신을 내려놓아야 한다. 그러면 광야의 삶은 무거운 짐이 아닌 감사의 삶이 될 것이다. 광야에서 우리가 존재하는 이유는 불완전한 우리 인생을 행복한 존재로 만들기 위한 창조주 하나님의 섭리가 있기 때문이다.

이 땅에서의 삶이 그렇다. 누구는 부와 명예를 짊어지고 누구는 궁핍하고 불행하다. 인생에서 성공과 행복을 모두 거머쥔 사람들은 자기 삶에 얽매이지 않는다. 그리고 자기 삶에 대해 사색할 줄 아는 사람이다. 이 땅에서의 부와 명예만이 인간을 행복하게 만든다는 것은 모순이다. 마음이 부자이고 믿음이 부자이면 이 땅에서의 부도 하나님이 누리게 하신다.

우리가 존재하는 이유는 딱 하나다. 그것은 내가 무엇 때문에 살아야 하는지를 명확하게 아는 것이다. 동방 박사들은 그 진리를 알았기에 그 진리를 찾아 나선 것이다. 이 땅에서의 많은 진리가 있다고 하지만 진리는 딱 하나이다.

그것은 바로 예수 그리스도이시다!

예수 그리스도만이 절대적인 진리이시다. 이 진리 안에 거할 때만 인간은 참 행복과 자유를 누릴 수가 있다. 내가 어떤 상황에 처했든지 그건 문제 되지 않는다. 진리가 그 안에 있다면 우리가 거하는 그 어느 곳이든 하늘나라이다.

이 땅에 존재하는 것들 가운데 인간만이 영원을 사모하게 된다. 그중에서도 진리를 발견한 자는 이 땅에서의 삶이 다만 나그네의 삶인 것을 알고 이 땅에 미련을 두지 않는다. 그리고 더욱 많이 사랑하고 나누는 삶을 산다.

존재 자체로서의 의미보다 새로운 삶으로서의 존재에 비중을 두고 살아가자. 그러면 새로운 삶이 광야에서 펼쳐질 것이다.

헤밍웨이가 쓴 『노인과 바다』를 보면 노인이 바다에서 물고기 한 마리를 잡기 위해 온갖 고생을 한다. 노인은 큰 물고기를 잡았고, 마침내 그것을 끌고 뭍으로 나오는데 그 과정에서 결국 상어 떼에게 잡은 고기를 다 뜯겨 버리고, 노인은 지쳐 쓰러지고 만다. 결과는 아무것도 없다.

인생의 궁극적인 의미와 목적을 모르면 제아무리 부지런히 살고 열심히 살아도 인생에 남는 것은 아무것도 없는 결과를 낳게 된다. 인생이나 전쟁이나 역사의 주관자는 살아계신 창조주 하나님이시고, 하나님이 계심으로 인생은 의미가 있는 것이다. 마지막 때 허무한 것에 허송세월하기보다 하나님의 영광을 위해 인생을 드려야 한다. 우리의 인생은 그렇게 길지 않다.

그러면 짧은 인생 가운데 무엇을 할 것인가?

또한, 우리가 이 땅에 존재하는 이유는 무엇인가?

바로 사랑 때문이다. 사랑을 받아야 하는 존재인 만큼 사랑하며 살기 위함이다. 사랑한다는 것은 그 안에 생명력이 있다는 증거이다. 들에 핀 꽃 한 송이도 그냥 피는 법이 없다. 그 안에 생명이 있기 때문이다. 인간은 사랑을 목적으로 이 땅에 보내진 존재이다. 원수를 사랑하라는 대목은 절대 진리 중의 하나이다. 나에게 행한 대로 갚는 것이 세상 이치다. 우리는 나를 위한 존재가 아니라 하나님을 위한 존재가 되어야 한다.

창세기 1:26에 의하면 인간은 하나님의 형상과 모양대로 창조되었다. 인간의 본성적 요소인 정신, 의지, 감정은 초월적인 하나님의 질서를 반영하고 있다. 죄로 인해 타락하기 전, 인간의 정신 속에는 완전한 지성이 들어 있었고, 거기에는 또한 정직이 수반되어 있었다. 그리고 인간의 모든 감정은 한결같이 이성에 따르도록 형성되어 있었으며 인간의 육체는 내적 질서와 완전히 조화되어 있었다.

또한, 하나님께서는 인간에게 다른 모든 피조물보다 월등한 인격적인 탁월성을 주셨고, 모든 피조물 가운데 가장 존귀한 가치를 부여하셨다. 그래서 창세기 1:28은 이러한 인간이 사실 하나님께 복을 받았으며, 하나님을 대신하여 세상을 다스리는 권한을 받았음을 증거하고 있다.

성경에서 말하는 인간을 이해하는 데 있어 가장 중요한 교훈은 하나님께서는 인간에게 세상에서 필요한 모든 것을 제공해 주셨기 때문에 인간은 탄생하기 전부터 이미 부족함이 없는 존재라는 것이다.

다윗은 시편 23편에서 이것을 이렇게 고백하고 있다.

> 여호와는 나의 목자시니 내게 부족함이 없으리로다(시 23:1).

부족함이 없는 인간이 이 땅에서 마음껏 누리되 잊지 말아야 할 것은 나 자신을 위한 존재가 되어서는 안 된다는 것이다. 이것이 우리 인간이 이 땅에 존재하는 이유이기도 하다. 나누며, 베풀며, 섬기며, 사랑하고 용서하며 사는 삶, 이러한 삶은 하나님의 창조 목적에 의해 지어진 인간의 숭고한 정신이라 할 수 있다.

요즘 우리 사회를 보면 사람 같지 않은 사람들이 얼마나 많은가?

자기 자신의 목적을 이루기 위해 살인을 저지르고, 사기치고, 폭력을 행사하고, 인간이 해서는 안 될 일들일 자행하고 있다. 마약과 도박과 성에 심취되어 인간의 가치와 목적을 상실해 버린 지금, 이 시대에 남겨진 우리의 삶에 아니, 더 나아가 이 땅에 하나님의 긍휼과 은혜가 입혀져야 할 때고 그 은혜를 구해야 할 때다.

우리가 이 땅에 존재하는 이유는 잃어버린 하나님의 형상을 찾는 것이고, 멀어졌던 하나님과의 관계를 회복하는 일이다. 하나님은 우리 인간 모두가 행복하기를 원하신다.

그러나 그 행복은 예수 그리스도 안에 있을 때 진정한 행복이 주어진다. 행복의 시작은 예수 그리스도로부터 시작된다. 많은 사람이 지금도 행복의 조건을 외부에서 찾는다. 행복을 외부에서 찾으려고 한다면 환경이 전부 나에게 맞춰져야 한다. 그러나 환경은 나에게 맞춰주질 않는다. 내가 변화되어야 한다는 결론밖에 나질 않는다.

세상에는 소유가 비록 적어도 행복한 사람이 있고, 소유가 많아도 불행한 사람이 있다. 그러니까 행복은 소유의 많고 적음에 있는 것이 아니라는 것이다. 넉넉한 가운데서 나누고 베푸는 것은 당연하다. 그러나 없는 가운데에서도 나누고 베푸는 것은 이상적이며 아름다운 일이다.

남들이 없는 것이 나에게는 있을 수 있다. 가령 그것이 남들이 할 수 없는 배려나 섬김이나 다른 그 무언가가 될 수 있다. 우리 삶은 전부 욕심에서 비롯된다. 욕심 때문에 싸우는 것이고, 욕심 때문에 사기행각을 벌이는 것이고, 욕심 때문에 사랑하고 용서해야 할 인간을 죽인다. 자기중심적 삶이 되어 버린 지금에 우리는 하나님의 존재를 인식해야만 할 것이다.

> 그러므로 우리가 여호와를 알자 힘써 여호와를 알자 그의 나타나심은 새벽 빛 같이 어김없나니 비와 같이, 땅을 적시는 늦은 비와 같이 우리에게 임하시리라 하니라(호 6:3).

하나님의 존재를 아는 것만큼 인간에게 가장 복된 일은 없다. 어찌 지음을 받은 피조물이 그 지은 창조주를 멸시하겠는가? 그러나 우리는 그를 멸시했다.

> 그는 멸시를 받아 사람들에게 버림받았으며 간고를 많이 겪었으며 질고를 아는 자라 마치 사람들이 그에게서 얼굴을 가리는 것같이 멸시를 당하였고 우리도 그를 귀히 여기지 아니하였도다(사 53:3).

예수를 알기 전에는 누구나 교만하고 깔보거나 이를 하찮게 여기는 경우가 있다. 존재하는 것만으로도 귀하지만 존재한다는 것 자체가 모든 것을 대변해 주는 것은 아니다. 존재의 이유와 가치를 알아야 한다. 사람이 어디서 와서 무엇 때문에 살고 어디로 가는지 마지막 행로를 모른다면 존재로서의 비참함이 될지도 모른다.

하지만 우리가 이 땅에 존재하는 이유는 바로 생명을 찾아가는 과정에 그분(예수)을 아는 것이고 예수의 생명을 이 땅에 심는 것이다. 인간 역사에는 수많은 일이 있었고, 지금도 알 수 없는 일들이 계속해서 일어나고 있다.

우리는 요셉과 같이 풍년 가운데에서도 다가올 흉년을 대비할 수 있어야 한다. 요셉이 17세에 종으로 팔려 왔다가 13년이 지난 후에 애굽의 총리가 되었다. 어찌 보면 파격적인 인사이고, 벼락출세다. 비록 그가 13년간 종으로 산 기간은 힘들고 고된 기간이었지만, 헛된 세월이 아니었고, 요셉이 성숙하고 모든 것을 감당할 수 있는 그야말로 영적으로 준비되는 시간이었다.

요셉은 애굽의 총리가 되어서도 온 땅을 순찰하고, 다가올 흉년에 철저히 대비했다. 칠 년 동안 매년 곡물을 각 성에 저장했다.

이 양이 무척이나 많았다. 그러다 보니 매년 풍년이었다.

이렇게 열심히 창고에 쌓아두는 요셉의 대비책이 어디서 생겼겠는가?

이것이 바로 여호와의 지혜이다.

> 그는 정직한 자를 위하여 완전한 지혜를 예비하시며 행실이 온전한 자에게 방패가 되시나니(잠 2:7).

요셉의 대비가 어떤 사람들에게는 쓸데없는 일처럼 보였을지도 모른다. 그러나 결국에는 이러한 요셉의 철저한 대비가 많은 사람을 살리는 계기가 되었다. 그리고 야곱의 가족들도 모두 살리게 되었다. 세상은 미래를 아는 사람과 모르는 사람으로 나뉘고, 미래를 아는 사람 중에서도 미래를 대비하는 사람과 그렇지 않은 사람으로 나뉜다.

이 땅의 모든 그리스도인은 예수 그리스도께서 재림하시고, 이 세상은 하나님의 심판에 놓일 것이라는 미래를 안다. 그러나 그것을 대비하는 지혜로운 사람이 있고, 노아의 때와 같이 먹고 마시는 일에 빠져 미래를 대비하지 않는 이들도 있을 것이다. 지혜로운 요셉은 풍년의 때 철저하게 흉년을 대비했다. 우리도 모든 만사가 형통하고 평안할 때 오히려 더 철저하게 준비해야 할 것이다.

오직 예수!!

오직 예수를 위한 삶은 다가올 미래를 대할 뿐만 아니라 환란과 시험 가운데서도 능히 이길 수 있게 한다. 이 땅에서의 삶은 평안만 있는 것이 아니다. 시험과 환난과 고난과 죽음이 늘 도사리고 있다. 그러나 이 땅에서의 우리의 존재가 분명하고 확실하다면 이런 것이 문제가 되지 않는다. 이유는 이 모든 것을 창조하신 하나님의 손에 의해 움직이고 섭리 되기 때문이다. 그 하나님이 우리의 아버지가 되신다.

그 아버지를 항상 연모하라!

아버지의 사랑이 임한 자에게는 슬픔이 변하여 기쁨이 되고 환난이 변하여 찬송이 될 것이다.

> 그러므로 우리가 흔들리지 않는 나라를 받았은즉 은혜를 받자 이로 말미암아 경건함과 두려움우로 하나님을 기쁘시게 섬길지니 (히 12:28).

이 땅에서의 가장 아름답고 축복된 삶은 자기 위치를 아는 사람이다. 자기 위치에서 벗어나지 않는 것이다. 그리고 창조주께서 부여하신 임무를 정성껏 수행하는 것이다.

목회자는 하나님의 뜻대로 사역하되, 충성되고 지혜 있는 종이 되어 주인에게 그 집 사람들을 맡아 때를 따라 나눠주는 자가 되어야 한다(마 24:45-46). 또한, 성도는 받은 은혜와 사랑으로 이윤을 남기는 삶을 살아야 할 것이다. 즉, 다섯 달란트 받은 자는 바로 가서 그것으로 장사하여 또 다섯 달란트를 남기는 것이고, 두 달란트 받은 자도 그같이 하여 또 두 달란트를 남기는 것이다(마 25:16-17).

인간이 존재하는 이유를 모르면 방황할 수밖에 없다. 먹고, 마시고, 세상을 추구하다 일생을 마감하는 그런 인생이 되어서는 안 된다. 짐승도 먹고, 마시면서 살아간다. 우리 인간은 짐승처럼 태어나지 않았다. 분명 선한 일들에 의해 지으심을 받은 존재라는 것을 알아야 한다.

> 우리는 그가 만드신 바라 그리스도 예수 안에서 선한 일을 위하여 지으심을 받은 자니 이 일은 하나님이 전에 예비하사 우리로 그 가운데서 행하게 하려 하심이니라(엡 2:10).

선한 일을 위해 지음을 받은 우리가 이 땅에서의 삶을 아무렇게나 살아서는 안 된다는 것이다. 집마다 지은 사람이 있듯이 만물을 지으신 분은 하나님이시다(히 3:4).

우리가 이 땅에 존재하는 이유는 바로 하나님의 영광을 위해서이다. 하나님의 영광을 위해 살아가는 자야말로 이 땅에 존재하는 가장 큰 이유가 될 것이다. 어떤 이들은 먹기 위해 오늘을 사는 이들도 있다. 인간이 존재하는 이유는 축복받기 위함도 있지만, 서로 축복하기 위해서이다.

축복의 통로가 돼라!

이것은 하나님께서 인간에게만 주신 고유의 영역이다. 축복은 얼어붙은 대지를 녹인다. 축복의 말에는 살아있는 생명이 있다. 예수님의 말씀은 전부가 살리는 축복의 말이었다. 우리가 사는 이 세상에는 말로 사람을 죽이는 자들이 많이 있다. 거짓과 없는 얘기를 꾸며가며 사기 행각을 벌이는 이들이 있는가 하면 저주의 말로 사람에게 상처를 주기도 한다. 삶의 희망과 기적은 우리 언어의 생활에서부터 시작이 된다. 인간이 존재하는 데에는 말의 영향이 90퍼센트를 차지한다.

내가 축복받기 위해서는 내가 먼저 남을 축복하는 축복의 사람이 되어야 한다. 존재하는 곳에는 항상 하나님의 숨결이 있다. 우리에게 주어진 하루하루를 아름답게 디자인해 갈 필요가 있다. 우리의 삶이 흔들리지 않는 견고한 반석이 되기 위해서는 우리를 이 땅에 보내신 하나님의 선하신 뜻이 있음을 알고 지어진 존재로서 만족할 것이 아니라 그 존재로서 위상을 높여야 할 것이다. 그냥 주어진 삶을 살기보다 우리 자신을 가꾸며 살아가는 것이다. 사람은 끊임없이 가꿔야 한다. 생각을 가꾸고, 마음을 가꾸고, 행동을 가꾸어야 한다. 나무도 잘 가꿔야 시절을 따라 열매를 맺는 것처럼 우리 또한 어떻게 가꾸느냐에 따라 삶의 질이 바뀔 수 있기 때문이다.

> 하나님께서 각 사람에게 그 행한 대로 보응하시되(롬 2:6).

하나님의 위대한 걸작품이고 가장 위대한 존재인 당신에게 가장 위대한 업적을 이 땅에서 남겨 보라고 축복하는 마음으로 권해 본다. 우리는 이 땅에 일구어내야 할 업적들이 참 많이 있다. 개인마다 다르겠지만 인간으로서 본연의 목적을 추구한다는 점에서는 매한가지일 것이다.

우리에게 건강 있는 것, 우리에게 물질이 있다는 것, 누구나 나이 차이는 있겠지만 주님 안에서는 누구나 이팔청춘이다. 갈렙은 80이 되었어도 많고 많은 땅 중 헤브론 산지를 달라고 간구했다. 주의 일은 나이가 문제가 되지 않는다. 젊어서 물론 많은 일을 할 수는 있겠지만, 나이가 들어도 주의 일을 할 수 있다는 것은 아름다운 일이다.

나의 작은 아버지는 여의도순복음교회 안수집사이다. 80이 넘은 나이인데도 남들이 하지 않는 창고 일을 수십 년째 봉사하고 계신다. 주의 일을 하기 때문에 건강하다고 말씀하시는 것이다.

우리가 이 땅에 존재하는 이유는 먹고 살기만을 위한 것이 아니다. 나의 도움이 필요로 하는 곳에 가서 나의 마음을 전달하는 것이다. 그것이 음식이 됐든, 물질이 됐든, 섬김이 됐든, 말벗이 됐든 간에 어울림 속에 희망의 불씨가 생겨나는 것이다. 지금 우리의 사회는 냉랭하다 못해 너무 이기주의에 빠져 있다. 나와 관련된 일이 아니면 사람이 죽어가도 신경을 안 쓴다. 그리고 사람들은 공짜를 너무 좋아한다. 받는 것에만 익숙해서인지는 모르겠지만, 나누고 베푸는 삶을 찾아보기 어렵다.

물론, 대중에는 나누고 베푸는 삶을 살아가는 사람들을 우리 주변에서는 심심치 않게 본다. 나에게 없는 것이 상대방에게 있을 수 있고 나에게 있는 것이 상대방에게 없을 수 있다. 그러므로 나누는 데서부터 정이 싹튼다는 말은 오래전의 일이 아닌 듯싶다.

> 주라 그리하면 너희에게 줄 것이니 곧 후히 되어 누르고 흔들어 넘치도록 하여 너희에게 안겨 주리라 너희가 헤아리는 그 헤아림으로 너희도 헤아림을 도로 받을 것이니라(눅 6:38).

그렇다 우리는 주고 베풀고 섬기고 사랑하고 용서하는 삶을 살아야 한다. 예수님은 언제나 주는 삶을 사셨고 사랑하고 용서하는 삶을 사셨다. 십자가의 죽음보다 강한 사랑은 이 세상에는 없다. 사랑이 모든 것을 대변해 준다. 이 사랑이 없었다면 아마 인류는 아직도 죄와 고통과 불행 속에 멸망하고 말았을 것이다.

농부는 가을에 추구할 곡식을 생각하며 봄에 씨앗을 뿌린다. 하나님 아버지의 마음이 이와 같을 것이라고 생각한다. 말씀의 씨를 뿌려 구원의 역사를 이루는 것이다.

> 하나님은 모든 사람이 구원을 받으며 진리를 아는데 이르기를 원하시느니라(딤전 2:4).

광야에서 피어나는 꽃은 실로 아름답다 못해 신비하다. 마치 아무도 모르게 피어나는 꽃처럼 말이다. 주의 길을 가는 여정 속에는 때로 많이 외롭기도 하고 쓸쓸하기도 하다. 남들이 알아주는 것도 아니고 오히려 자기를 희생하면서까지 남을 살펴야 한다는 것에는 쉽사리 동의가 되지 않는다.

눈물을 머금고 가야 했던 그 골고다의 길은 우리 그리스도인들에게 이 땅에서 무엇이 필요하고 무엇이 옳은지 그리고 어떻게 세상을 살아가야 할지를 보여 준다. 하나님의 나라를 이 땅에 실현코자 예수님은 밤이나 낮이나 기도로 사셨고 병자들을 치유하고 귀신을 쫓아내며 없는 자에게 공의와 선을 베푸셨다.

우리가 이 땅에 존재하는 이유가 뭘까?

하나님은 우리를 이 땅에 우연히 보내지 않으셨다. 뜻과 목적이 있어서 이 땅에 태어난 것이고 지금도 우리를 향하신 하나님의 마음은 변함이 없으시다.

성령의 권능을 받아 모든 족속을 제자 삼는 일을 이제는 우리가 해야 할 때이다. 하나님은 우리에게 완전한 것을 요구하지 않으신다. 있는 삶의 현장에서 진정한 그리스도인으로 살아내길 원하신다. 진정한 그리스도인의 삶을 살게 되면 반드시 핍박과 눈물이 있다.

핍박과 눈물이 싫어 이 일을 멀리하겠는가?

아니다. 우리는 예수님의 십자가 죽음이 결코 헛되지 않기 위해서라도 예수님을 위해 살아가는 존재가 되어야 한다. 지금도 예수님께서는 못 박힌 손을 내보이시면서 죄를 짓지 말고 섬기고 나누는 삶을 살라고 말씀하신다. 가시 면류관을 보이시면서 네 생각을 내려놓으라고 말씀하신다. 옆구리의 창을 보이시면서 너 중심의 삶을 내려놓으라고 말씀하신다. 못 박힌 발을 보이시면서 세상으로

빨리 달려가는 너의 발걸음이 하나님과 영혼을 위해 달려가는 복음의 산증인이 되라고 말씀하신다.

우리의 삶은 정해져 있지 않다. 하나님이 어느 때라도 부르시면 가야 하는 존재이다. 이 땅에서 영원히 살 것 같은 착각으로 살아가는 자는 미련한 자요, 세월을 아끼며 살아가는 자는 지혜로운 자이다. 우리는 하나님 앞에 부끄러운 존재가 되어서는 안 된다. 우리에게 주신 사명과 소명이 있기 때문이다.

육신대로 살다가는 자가 아니라 영으로써 육을 다스리며 성령의 사람, 영의 사람으로 살아가야 할 것이다(롬 8:6). 하나님은 우리에게 기회를 주셨다.

과연 육신의 남은 때를 무엇을 위해 살다 갈 것인가?

이러한 물음 앞에 이 땅에서의 존재를 확실하게 다져보길 바란다.

2
생명이 깃드는 곳

창세 전에 하나님께서는 어두움 가운데 빛을 드러내셨다.

> 하나님이 이르시되 빛이 있으라 하시매 빛이 있었고 … (창 1:3).

그곳은 생명이 깃드는 곳이다. 인생의 허무함 속에서 진리를 발견하는 곳이다. 광야가 바로 그런 곳이다. 아무것도 보이지 않고 존재하지 않는 것 같아도 그곳은 생명의 역사가 있는 곳이다. 생명이 깃드는 곳마다 죽었던 것이 살아난다. 어쩌면 광야는 소망이 없고 빛을 볼 수 없는 망망한 어둠과도 같은 곳일 수 있다. 하지만 하나님은 어둠 속에서도 빛을 창조해 내신다.

> 나는 빛도 짓고 어둠도 창조하며 나는 평안도 짓고 환난도 창조하나니 나는 여호와라 이 모든 일들을 행하는 자니라 하였노라(사 45:7).

생명은 높은 곳에서 낮은 곳으로 흐른다. 예수 그리스도는 친히 높고 높은 보좌를 버리고 천한 낮은 곳으로 임하셔서 생명이 없는 곳에 생명의 역사를 이루셨다. 인생의 슬픔 가운데 기쁨을 얻을 수 있는 것은 생명이 깃들었기 때문이다.

우리 광야의 삶은 배워가는 곳이고 훈련하는 곳이다. 배우지 않고 훈련하지 않으면 생명을 누릴 수가 없다. 예수님은 광야를 통해 자신이 친히 하나님이심을 입증하셨다. 광야의 길을 걷는 자마다 예수님이 걸어가신 그 길을 알 수 있고, 고난과 죽음의 의미를 깨닫게 된다. 생명의 역사가 깃드는 곳은 우아하고 평탄하고 화려함이 있는 곳이 아니다.

남들이 가지 않는, 남들이 볼 수 없는, 남들이 선택하지 않는 그곳이 바로 생명의 역사가 깃드는 곳이다. 이곳은 좁은 길이며 자기를 부인해야 알 수 있는 곳이기도 하다. 생명의 역사가 있는 곳에 하나님의 나라가 있다. 그곳은 먹고 마시는 것이 아닌 의와 평강과 희락이 있는 곳이다.

> 하나님의 나라는 먹는 것과 마시는 것이 아니요 오직 성령 안에 있는 의와 평강과 희락이라(롬 14:17).

광야와 같은 이 세상에 죄로 묶여 고통과 불행 가운데 살아가는 자들에게 예수 그리스도는 친히 생명이 되셨다. 그 생명을 소유한 자마다 구원의 은혜와 죽었던 생명이 살아난다.

야곱은 그 생명을 얻기 위해 얍복강에서 하나님과 씨름했다. 야곱이 태어날 때는 세상을 붙잡는 자로 태어났지만, 그가 하나님을 만나 생명을 소유했을 때는 하나님을 붙잡는 인생으로 바뀌어졌다. 길거리의 풀 하나도 생명이 깃들지 않으면 시들기 마련이다. 우리의 인생도 이처럼 하나님으로부터 끊임없이 생명의 역사를 공급받아야 한다. 생명을 소유해야 다른 생명을 살릴 수 있기 때문이다.

그리스도인의 정체성을 가지고 살아간다는 것은 그 안에 생명이 깃들어 있다는 증거다. 광야에서 존재의 상실과 정체성이 희박해질 수도 있지만, 그리스도인의 존재와 정체성이 견고할 수 있는 것은 생명의 역사가 깃들어 있기 때문이다.

모세가 애굽에서 살았지만, 그의 마음에는 히브리인의 정체성을 잃지 않았다. 바울은 이 세상에 몸담고 살았지만, 항상 그의 마음은 하늘나라의 소망을 두고 살았다. 그래서 바울은 땅의 것을 죽이고 위엣 것을 사모하라고 하였다.

> 위의 것을 생각하고 땅의 것을 생각하지 말라(골 3:2).

바로 생명의 역사가 깃든 곳에는 창조의 목적과 가치의 온전함이 있다. 하나님은 세상을 창조하기 전, 무질서하고 생명이 없는 곳에 생명을 불어넣으셨다. 만물에는 하나님의 생명이 깃들어져 있다. 인간의 완악하고 죄 된 마음은 언제나 편안함과 쾌락과 안락을 추구한다.

그러나 인간이 광야에 머무를 때 비로소 겸손과 하나님의 사랑을 알 수 있다. 인간의 부패한 마음은 비로소 광야에서 새롭게 된다. 광야는 하나님을 의지하지 않고는 살아갈 수 없는 곳이다. 생명의 역사를 더욱 뚜렷하게 경험할 수 있는 곳이 바로 광야이기 때문이다.

저자인 나는 오랜 광야 생활 속에 하나님을 만났다. 지나온 세월이 야속하긴 하지만 나를 오랜 기간 동안 기다려 주신 하나님의 사랑에 비하면 아무것도 아니다. 이해할 수 없는 일들과 사건들 속에 하나님을 원망하며 살아왔던 세월이 이제는 생명의 역사가 깃들므로 그 상황에서도 하나님의 거룩한 뜻이 있었음을 알게 되었다. 광야는 거부하고 싶은 곳이다. 하지만 그곳은 생명을 잉태하는 곳이기도 하다.

광야와 같은 세상을 방황하는 자들이 생명의 주인을 만나 인생이 바뀐다면 그것만큼 인생의 큰 행복은 없을 것이다. 생명의 주인인 하나님을 만나기 전에는 누구든 어둠의 터널을 지날 뿐이다. 광야는 한편으로 우리로 하여금 생명으로 안내한다.

광야의 삶이 있기에 순종을 배우고 겸손을 배우고 나 자신을 버리는 것을 배우게 되는 것이다. 광야는 믿는 자들에게는 신선한 곳이 되고 믿지 않는 자들에게는 고통의 장소가 된다. 그것은 생명이 있느냐 없느냐의 차이이다.

오순절 성령의 역사는 생명의 역사이다. 죽고 말라비틀어진 인생이 생명의 역사를 통해 살아난 사건이다. 그 말라비틀어진 마른 막대기 같은 인생이 하나님께 크게 쓰임 받을 수 있는 것은 그 안에 생명의 기운이 있기 때문이다. 성령께서는 우리를 광야로 내보내신다. 거기서 인간의 가장 나약하고 보잘것없는 죄인임을 알게 하신다. 옥합을 깨뜨린 마리아에게서 우리는 생명의 역사를 발견하게 된다.

생명이 깃드는 곳마다 진정한 헌신과 희생이 따른다. 나약한 베드로에게 생명이 깃드니 삼천 명이 회개하는 역사가 일어났고, 바울의 손수건으로 기적이 일어나기도 하고 죽어 장사 된 지 사흘이나 된 나사로가 수족을 동인 채로 나왔다.

성경의 수많은 역사 속에 하나님은 감추어 두었던 하늘의 만나를 통해 죽었던 생명이 살아나게 했다. 이 생명이 바로 예수 그리스도이다. 신앙은 고난 속에서 더욱 아름다워진다. 광야에서 볼 수 없었던 신성한 세계와 생명의 숨결을 고난 속에서 느낀다. 성경은 첫 장부터 생명이 하나님에 의해 창조되었고, 하나님에 의해 주어졌음을 가르치고 있다. 하나님이 생명의 주인이심을 말해 준다. 예수님께서도 하나님이 허락하지 않으시면 참새 한 마리조차 땅에 떨어지지 않는다고 하셨다(마 10:29).

따라서 사람의 생명을 해치거나 훼손하는 일은 생명의 주인이신 하나님의 주권을 침해하는 일이며 이는 결국 죽음으로 되갚을 수밖에 없는 것이다(창 3:19; 롬 6:23).

그래서 하나님은 범죄 한 인간이 영원한 죽음에서 벗어나 영원한 생명을 얻을 수 있는 길을 예비해 주셨다. 그것은 우리 죄를 위해 십자가를 지고 대속의 죽음을 이루신 하나님의 독생자 예수 그리스도를 믿는 것이다. 이 생명은 육신의 생명에 제한받지 않는다. 왜냐하면, 사망 권세를 깨뜨리고 부활하신 예수 그리스도께서 우리를 위해 이미 영생의 길을 열어 주셨기 때문이다.

영원한 생명은 종말적으로 구원의 길로 안내하지만 현실적 입장에서는 생명의 주인이신 하나님을 통해 얻는 복 된 삶의 근간이 되는 것이다. 생명이 깃드는 곳은 어디나 부활의 역사가 있기 마련이다. 죽음의 땅이라고 해도 그 땅이 축복의 땅이 될 수 있는 것은 생명의 역사가 있기 때문이다.

이삭이 거주하는 땅에 기근이 들자 이삭은 그랄이라는 곳으로 자리를 옮겼다(창 26:1). 기근은 흉년이나 재해 등으로 '식량이 모자라서 굶주리는 상태'를 말한다.

역사상 가나안 땅에는 크게 네 가지 이유로 기근이 발생했다.

첫째, 가뭄이다.

이스라엘 백성이 살던 팔레스타인과 중근동 지방에서는 가을의 이른 비(10월경)와 봄날의 늦은 비(3월 중순에서 4월 초순경) 그리고 겨울 우기(11월에서 3월 초순경)에 많은 비가 내린다.

그런데 이때 비가 오지 않으면 한 해 농사는 망치게 되고 결국 큰 기근이 닥치게 된다. 성경 시대의 주 무대였던 팔레스타인에서는 강수량이 모자라서 자주 기근이 찾아들었다.

둘째, 자연재해다.

우박이나 폭풍우 혹은 뜨거운 모래바람 등으로 인해 농작물이 큰 피해를 입는 경우에도 기근이 임한다.

셋째, 병충해다.

메뚜기 떼, 곤충 등의 습격이나 병해로 인해 작물을 망치는 경우도 있다.

넷째, 전쟁으로 인한 혼란이나 강도떼가 양식을 강탈당하는 경우에도 기근이 임한다.

이처럼 기근의 원인은 다양하지만, 성경에서는 "기근"이 범죄에 대한 하나님의 심판과 형벌로 나타난다. 북이스라엘의 우상 숭배자 아합왕 때 삼 년 반 동안의 기근은 그 대표적인 예라 할 수 있다. 기근 가운데 하나님의 말씀이 떨어질 때 그 속에서도 생명의 역사를 볼 수 있었다.

나라에 어려움이 왔을 때 사무엘은 백성들을 미스바 광장으로 모이게 해서 금식하며 기도하게 했다. 생명이 없는 곳은 기근과 어두움뿐이다. 생명이 깃들 때 흉년은 풍년이 되고 근심은 변하여 춤이 되는 것이다.

예수께서 채찍에 맞으신 이유는 우리에게 생명을 주기 위함이다. 그 생명을 얻어 우리는 나음을 입게 된 것이다.

> 그가 채찍에 맞음으로 너희는 나음을 받았도다(사 53:5).

생명이 깃드는 곳마다 어둠이 떠나가고 자유가 주어진다. 하나님의 나라는 생명 그 자체이다. 예수께서도 하나님 나라를 이 땅에 이루기 위해 오셨다. 수많은 병자와 귀신 들린 자들에게 생명이 깃드는 순간 회복의 역사가 일어났다. 생명은 피에 있다(레17:11). 예수 그리스도께서 흘리신 피는 우리의 생명이 되었다.

그 피의 비밀을 아는가?

모든 것을 다시 회복시키시는 그 생명의 피!!

창세 때 잃어버린 에덴동산의 축복이 이 생명의 피로 말미암아 다시 시작이 된 것이다.

요즘 나라마다 혼돈하고 혼란하다. 생명이 깃드는 순간 나라에도 평화와 안정이 이루어질 것이다. 개인의 삶에도 생명이 깃들 때 무질서한 삶이 질서로 잡히고 마귀에게 눌린 삶이 자유의 삶이 될 것이다.

살아 있다는 것은 무엇을 말하는가?

살아 있다고 다 생명을 소유한 것은 아니다. 하나님이 부여하신 생명이 있다. 그 생명은 오직 예수 그리스도 한 분뿐이다. 광야에서의 삶은 그리 녹록치 않다. 그러나 광야에서 우리는 생명을 발견할 수 있다. 그곳은 순종과 겸손을 요구한다. 내가 죽는 곳이 바로 광야이다. 보이는 현실에 만족한 삶은 우리를 멸망으로 이끌어간다.

하지만 보이지 않는 것에 기초한 삶은 우리의 영원한 생명의 근원이 되어 우리를 생명으로 인도한다. 육체적인 쾌락에 심취하여 사치스럽고 방탕하게 살아가는 것, 정욕을 좇아 편하게 놀고 즐기는 것. 이런 향락과 연락은 생명을 저버린 삶이다. 탐욕에 사로잡혀 사치하며 쾌락을 추구하는 삶(딤전 5:6), 사치스럽고 관능적으로 사는 삶(약 5:5)이 바로 향락이다. 호화롭게 먹고 마시며, 사치와 쾌락과 탐욕스러운 삶을 사는 것 말이다.

부패하고 타락한 인간의 전형적인 양상이다. 이런 모습 속에서 하나님은 우리에게 생명을 주기 원하신다. 광야에서는 오히려 사사시대처럼 자기 소견에 옳은 대로 행동할 수 있기 때문이다(삿 17:6). 우리의 삶이 보이는 삶이 전부가 아님을 명심해야 한다.

> 한 번 죽는 것은 사람에게 정해진 것이요 그 후에는 심판이 있으리니 (히 9:27).

이 땅에서의 삶이 마치 영원한 것처럼 살아가는 우매하고 무지한 자들이 얼마나 많은가?

생명을 약속받은 자는 하루가 천년 같고 천년이 하루 같다는 하나님 말씀의 뜻을 알 수 있다. 죄로 인해 부패해진 우리의 심령이 말씀을 통해 깨져야 하고 깨어나야 한다.

광야에서 하나님은 생명의 역사를 이루어 가신다. 그 생명의 기로에서 이 광야의 길을 순종함으로 걸어야 할 책임이 우리에게 있다. 내일이 보장되지 않는다 해도 우리에게는 영원한 기업이 있다. 믿음으로 산다는 것은 생명이 우리 안에 역사하고 있다는 증거다 (고후 4:12).

생명을 잉태하는 자가 돼라!

또 다른 생명을 낳을 것이다. 하나님의 부르심에는 후회가 없으시다. 사람이 무엇으로 심든지 그대로 거두게 되어 있다(갈 6:7). 생명이 깃드는 곳에 하나님은 우리의 희생과 순종을 요구하신다. 이삭을 바친 아브라함처럼, 옥합을 깨뜨린 마리아처럼 말이다.

그것이 생명이 주어진 자의 삶이다. 그 부르심에 당신의 생애를 걸라. 그리고 믿음으로 모든 부분에 순복하라. 인생의 주인은 우리가 아니다. 하나님이심을 알아야 한다. 그런데 우리의 삶에 나타나는 현상은 우리가 주인 됨을 나타내고 하나님을 부인하는 삶을 살고 있다는 것이다. 하나님은 그런 우리를 광야로 이끄신다.

그리고 철저히 우리를 다듬어 가신다. 요셉이 그의 삶에 생명의 역사가 있기까지(국무총리) 훈련의 연속이었음을 알 수 있다. 바울은 날마다 자기를 죽여 가며 생명이 깃들기를 간구했다(고전 15:31). 사람이 사람 되게 하는 것은 고난의 늪에 들어갈 때다.

광야의 삶이 어떻게 보면 고난의 연속일 수 있지만 그곳에서 하나님은 우리를 만들어 가신다. 그것이 바로 생명을 부여하시기 위한 하나님의 섭리이다. 믿는 자나 믿지 않는 자나 누구나 광야의 길을 걷는다. 광야에서 생명이 깃든다는 것은 새로운 삶의 시작이요, 거듭남의 시작이며, 사명을 발견하는 곳이며, 하나님을 만나 사명을 이수하는 곳이다. 그리스도인의 삶은 사명의 삶이다.

주어진 삶에 생명을 약속받았기에 자기를 매일 매일 죽이면서 가야 하는 곳이 광야이다. 이 땅에서의 삶이 천년, 혹은 만년이라도 그곳에 생명이 없다면 무용지물이다. 그것은 영원을 보장하지 못하기 때문이다. 하루를 살더라도 정직하고 의미 있게 사는 것이 이 땅에 보내진 인간의 의무이다. 하나의 생명이 존재하고 열매 맺기까지는 긴 시간이 걸린다. 하루아침에 되는 것이 없다. 인간이 인간다워지기까지 엄격한 훈련이 필요하다. 엄격한 훈련에는 고난이 전제된다.

사람은 무엇에 의해 살아가는 존재이다. 홀로는 살아갈 수 없다. 서로 공유하고 부딪히면서 살아가는 것이 인간 세상이다. 사람은 추우면 따뜻한 것을 찾고 더우면 금방 시원한 것을 찾는다. 이것을 통해 인간은 나약한 존재임을 알 수 있다. 나약한 존재인 인간이 강해질 때는 기도할 때다. 생명의 역사가 깃들게 하는 것은 하나님의 손이다. 그 손길을 잡고 따라갈 때 인간은 나약함에서 강한 존재가 된다.

칼 바르트는 그리스도인들이 한 손에는 성경을, 다른 한 손에는 신문을 들고 기도할 것을 촉구했다. 성경을 통해 하나님의 마음을 읽고 신문을 통해 세상의 흐름을 읽자는 것이다. 손에는 성경을, 마음에는 믿음을 갖고 나아간다면 두려울 것이 없을 것이다.

말씀을 통해 믿음이 확고히 설 수만 있다면 생명이 필요로 하는 곳에는 그 생명의 역사가 깃들 것이기 때문이다. 하나님께서는 생명이 없는 곳에 생명의 역사를 불어넣으셨다.

> 여호와 하나님이 땅의 흙으로 사람을 지으시고 생기를 그 코에 불어넣으시니 사람이 생령이 된지라(창 2:7).

어디 인간뿐이겠는가?
하나님께서 세상을 창조하시고 생명의 역사를 불러일으키시니 죽었던 땅들이 과실을 맺기 시작했고 시간과 생명이 공존하기 시작했다. 하나님은 생명 그 자체시다. 지금도 그 생명으로 죽은 모든 것들을 살리신다. 죽은 지 사흘이 되어 무덤에 있던 나사로를 살리신 주님, 죽은 야이로의 딸을 살리신 주님은 지금도 생명의 역사를 일으키신다. 믿는 자에게는 생명의 역사가 깃드는 것을 보고 경험할 것이다. 하나님 앞에서 우리의 모습이 생명을 소유한 자로 비춰지길 바래본다.

살아있는 모든 것은 전부가 아름답다. 그것은 창조주의 손길이 미치기 때문이다. 하나님은 그 근본 자체가 아름답고 고귀한 분이다. 들에 핀 꽃들도 생명을 노래하고 있다. 지나가는 사람들의 미소 속에도 위대한 하나님의 마음이 담겨 있다. 수많은 시련 속에 핀 꽃은 그 자체가 아름다울 뿐만 아니라 비바람과 눈보라를 맞으면서도 앙상하게 남은 나뭇가지 위에 생명의 잎이 싹 트기 시작한다.

그리스도는 생명의 잎을 띠우기 위해 온갖 고난과 질고를 겪으셨다. 성막 안에 법궤를 만들 때도 하나님은 조각목을 지명하셨다(출 25:10). 조각 목은 볼품이 없지만 단단하고 그 안에는 아름다운 향내가 난다. 조각 목은 마치 그리스도와 같다. 볼품도 없고 흠모할 그 어떤 것도 없지만 우리 인간을 구원하시기에 단단하여 결점이 없으시다.

> 그는 주 앞에서 자라나기를 연한 순 같고 마른 땅에서 나온 뿌리 같아서 고운 모양도 없고 풍채도 없은즉 우리가 보기에 흠모할 만한 아름다운 것이 없도다 그는 멸시를 받아 사람들에게 버림받았으며 간고를 많이 겪었으며 질고를 아는 자라 마치 사람들이 그에게서 얼굴을 가리는 것같이 멸시를 당하였고 우리도 그를 귀히 여기지 아니하였도다 (사 53:2-3).

그리스도를 품은 사람은 아름다운 향내를 발한다. 그 향내는 영적으로 썩고 곰팡이 나는 곳에 윤활유 역할을 한다. 지금도 많은 사람이 세상에 대해 비관적이고 세상을 살기 싫어서 귀한 생명을 버리기도 한다. 그만큼 세상을 믿었기 때문이 아닌가 싶다.

세상은 우리에게 진정한 행복을 가져다주지 않는다. 행복을 예수 안에서 찾아야 한다. 그리고 행복을 주는 자가 되어야 한다. 구원받은 자는 행복한 자이다. 생명의 역사가 바로 여기서 깃들기 때문이다.

> 이스라엘이여 너는 행복한 사람이로다 여호와의 구원을 너 같이 얻은 백성이 누구냐 그는 너를 돕는 방패시오 네 대적이 네게 복종하리니 네가 그들의 높은 곳을 밟으리로다(신 33:29).

사람은 누구나 행복할 이유가 있다.

슬픔과 고통이 끊이지 않는 세상에서 어떻게 행복할 수 있을까?

그것은 조그만 일에도 감사하는 것이다. 감사를 잃어버리는 순간 모든 것을 잃게 된다. 이 세상은 우리를 위해 존재한다. 즉, 당신을 위해 존재한다. 당신이 세상을 위해 존재하는 것이 아니라 세상이 당신 때문에 존재하는 것이다. 이미 하나님께서 우리 인간을 만들기 전에 세상의 모든 것들을 다 준비해 놓으셨다. 바로 인간을 위해서다.

> 하나님이 이르시되 내가 온 지면의 씨 맺는 모든 채소와 씨 가진 열매 맺는 모든 나무를 너희에게 주노니 너희의 먹을거리가 되리라 또 땅의 모든 짐승과 하늘의 모든 새와 생명이 있어 땅에 기는 모든 것에게는 내가 모든 푸른 풀을 먹을거리로 주노라 하시니 그대로 되니라(창 1:29-30).

세상은 영적인 법칙에 의해 순환된다. 다시 말해 보이는 세계는 보이지 않는 것에 영향을 받고 지배받는다. 세상에는 하나님의 손길이 묻어나지 않는 곳이 없다. 보이지 않는다고 무시할 수 없다. 바람도 눈에 보이지 않지만 바람의 존재를 인식할 수 있다. 공기가 눈에 보이지 않지만, 우리가 숨을 쉬는 것으로 공기의 존재를 확인할 수 있다.

> 어리석은 자는 그의 마음에 이르기를 하나님이 없다 하도다 그들은 부패하여 가증한 악을 행함이여 선을 행하는 자가 없도다(시 53:1).

창세기 2:10-14에 네 강의 이름이 나온다. 생명(예수)은 이 네 개의 강을 따라 흘러간다. 사람들은 각기 저마다의 삶의 모습이 다르다. 갈라진 강의 모습은 사람이 제각기 다른 방법으로 살아가는 네 가지의 모습들을 영적으로 보여 주고 있다. 바로 자신의 마음 밭에 뿌려진 행복과 불행의 씨앗을 여기서 찾아볼 수 있다.

첫째 강은 자기를 발견하고 하나님과 함께하는 삶이고, 둘째 강은 자신이 주관하는 불행과 고통의 삶이며, 셋째 강은 우상과 탐욕이 중심이 된 거짓에 매인 삶이요, 넷째 강은 주어진 삶 속에 시간을 잃어버린 삶이다. 이런 모습들 속에 살아가는 인간 세상에 하나님은 진정한 생명을 주시기 원하신다.

우리 하나님은 어떤 하나님이신가?

말씀하시는 하나님이시고 생명을 주시는 하나님이시다. 그런데 인간은 죄로 인해 아름다운 에덴을 잃어버리고 말았다.

에덴의 사명이 무엇인가?

바로 말씀에 순종하는 사명이다. 선악과로 상징된 죽음의 열매를 먹지 않는 사명이다. 그리고 선악을 분별하게 하는 마귀의 유혹에 넘어가지 말아야 하는 사명이다.

인간이 보기에 탐스러운 탐욕의 열매를 보지 말아야 할 사명이며, 하나님이 금기하신 열매를 먹지 말아야 할 사명인 동시에 말씀대로 다스리는 법과 말씀대로 지키는 법으로 말씀대로 먹는 것과 말씀대로 먹지 말아야 할 사명인 것이다. 즉, 동산의 법은 하나님의 말씀으로 낙을 누리는 것과 하나님의 말씀으로 생명을 보존하는 법인 것이다.

왜 하나님이 선악을 먹지 말라고 하셨을까?

인간이 어떤 판단을 내리고자 할 때는 정/오, 선/악에 대한 절대적이고도 궁극적 기준이 요구된다. 그러나 피조물인 인간의 지혜는 창조주 하나님의 진리에 미칠 수 없다. 피조물인 인간의 판단은 사람마다 다르며, 감성과 이성에 의하여 판단된다. 인간은 누구도 자기감정을 스스로 조절하지 못하고 불같이 일어나는 욕망 또한 다스리지 못한다. 이성 또한 감정과 이성을 좇아 판단할 때 하나님은 이를 들나귀라고 하신다.

곡식이 푸르게 자란 들판에 고삐 풀린 나귀가 들판의 다 자란 곡식을 짓밟고 뛰놀며 제 마음대로 행동한다면 농부가 힘써 가꾼 보람도 없이 한 해의 농사를 다 망쳐 놓을 것이다. 하갈이 잉태한 이스마엘을 하나님은 들나귀라고 하셨다.

> 그가 사람 중에 들나귀 같이 되리니 그의 손이 모든 사람을 치겠고 모든 사람의 손이 그를 칠지며 그가 모든 형제와 대항해서 살리라 하니라(창 16:12).

완전하지 못한 인간이기에 판단자가 될 수 없다. 그러나 세상은 인간이 만든 법으로 하나님의 법으로 하나님의 법을 판단하고 있는 셈이 되어 버렸다. 선과 악도 하나님이 판단하시는 것이다. 그런데 우리의 삶을 돌아보면 서로가 서로를 판단하고 정죄하기에 바쁘다. 죄의 본성을 지닌 인간의 모습이다. 하나님의 생명은 인간 역사에 끊임없이 흘러가고 있다. 죄로 인해 부패한 것을 깨끗하게 하기 위함이다. 생명이 깃드는 곳에는 구원의 역사가 있고 치료의 역사가 있고 회복의 역사가 있다.

진정한 인간성을 회복하기 위해 우리에게 생명이 주어진 것이다. 생명이 깃드는 곳에는 반드시 하나님의 약속이 주어지기 마련이다. 아브라함은 그가 사라를 통해 아들을 보게 될 것이며 그의 후손이 하늘에 별과 같이 많을 것이라는 놀라운 하나님의 약속을 받았다.

그리고 나서 하나님은 아브라함에게 나타나 하나님의 때가 되어 곧 변화가 일어날 것이라고 말씀하셨다. 이때가 바로 생명의 깃드는 때다. 생명이 깃드는 곳에는 반드시 소망이 있고 기적이 있다. 인간은 인간의 시간인 크로노스의 수많은 세월을 보낸 후, 하나님께서는 하나님의 시간인 카이로스의 때, 하나님의 계획을 크로노스 안에 이루어 가신다.

당신의 삶을 계수해 보라. 수많은 세월 속에 과연 내가 이룬 일들과 내가 이루지 못한 일들도 있을 것이다. 하지만 하나님의 계획은 실수가 없으신 분이다. 다만 행복과 불행이라는 교차 속에 불신앙으로 살아왔던 일들은 나의 크로노스를 계수하는 시간이었고, 순종함으로 걸어왔던 시간은 하나님의 카이로스에 의해 계수된 시간이었음을 알게 될 것이다. 하나님에 의해 창조된 이 땅은 지혜자의 질서 속에 움직여져 간다. 콩 심은 데 콩 나고 팥 심은 데 팥 나는 법이다. 땅은 정직하다. 사람이 무엇으로 심든지 그대로 결실되어 나타난다(갈 6:7).

죄로 인해 무질서해진 이 땅을 회복시키기 위해 예수 그리스도께서 이 땅에 한 알의 밀알이 되셨다. 생명 없는 땅에 생명이 깃든 것이다. 이 땅은 인간의 욕심이 만연하다. 저마다 바벨탑을 쌓느라 삶이 분주하다. 있는 자는 더 가지려고 하고 없는 자는 도태되기 마련이다. 날이 갈수록 어두워진 이 세상에 소망 잃고 방황하는 영혼들은 늘어만 간다. 하나님은 우리에게 세상에 빛과 소금이 되라고 말씀하신다.

그리고 부활의 복된 소식, 구원의 십자가를 전파하라고 말씀하신다. 황량하고 척박한 이 땅을 개간하는 것은 하나님 말씀을 가진 자의 의무이다. 도저히 솟아날 구멍이 없는 답답한 현실 속에서 영적인 외침은 더해져만 간다. 이 땅을 에덴으로 복구하기 위한 하나님의 작업은 마침내 예수 그리스도를 통해 단번에 이루어 놓으셨다. 이제는 생명을 부여받은 우리가 증인으로 나서야 할 때다. 증인은 사실을 있는 그대로 진술해야 사건이 잘 마무리될 수 있다.

> 송사에서는 먼저 온 사람의 말이 바른 것 같으나 그의 상대자가 와서 밝히느니라(잠 18:17).

> 우리는 보고 들은 것을 말하지 아니할 수 없다 하니(행 4:20).

세상은 온통 거짓과 허상으로 가득한 곳이다. 생명은 씨를 낳게 되어있다. 신앙의 족보는 예수 그리스도의 나심과 하나님의 구원사에 있어 중요한 부분이다. 예수 그리스도만이 죄악 된 세상을 복구하실 수 있다. 우리는 다만 그와 함께하는 일손이 되어야 한다. 그리스도와 함께한다는 것은 나의 소유가 그리스도께로 이양된 것이며 내가 사는 이유도 그리스도를 믿는 믿음 안에서 사는 것이다. 우리에게는 이미 생명의 씨앗이 주어져 있다. 그 씨앗을 잘 가꾸는 일은 우리의 몫이다. 우리를 통해 구원의 역사가 흘러가야 한다. 하나님은 이미 만세 전부터 이것을 계획하셨다.

> 이 비밀은 만세와 만대로부터 감추어졌던 것인데 이제는 그의 성도들에게 나타났고 하나님이 그들로 하여금 이 비밀의 영광이 이방인 가운데 얼마나 풍성한지를 알게 하려 하심이라 이 비밀은 너희 안에 계신 그리스도시니 곧 영광의 소망이니라(골 1:26-27).

당신이 있는 곳이 어디이건 무엇을 하건 그것은 중요하지 않다. 다만 있는 곳에서 하나님은 당신으로 하여금 그곳에 생명을 깃들게 하시기를 원하신다.

순종이 준비되었는가?

자기를 희생할 준비가 되었는가?

하나님이 행하시는 일들은 무한하다. 아직 당신의 삶에 이루어지지 않았을 뿐이다. 당신이 말씀에 순종한다면 당신을 통해 위대하신 하나님의 역사는 이 땅에 실현될 것이다. 광야와 같은 이 세상에 우리의 정체성을 찾아야 하고 하나님의 부르심 앞에 우리의 일생을 걸어야 할 것이다.

어느 날 길을 가다 하나의 꽃이 핀 것을 발견하게 되었다. 그 길은 여지없이 다니는 길이다 보니 나의 눈에는 잘 띄지 않았는데 어느 날 그 꽃이 클로즈업되면서 나의 눈에 들어오게 되었다. 그 꽃을 들꽃이라고 이름을 지어주고 싶었다. 마치 들꽃처럼 살아온 내 인생을 보는 것 같았다. 모진 바람 분다 해도 나는 꺾이지 않고 찬란한 꽃 피우겠다는 소망이 간절해진다. 우리가 주님의 손을 간절히 붙잡을 때 인생을 승리하게 된다. 열두 해를 혈루증으로 앓고 있던 여인이 예수님의 옷자락에 손을 대었을 때 나음을 받았다. 그 여인에게 생명의 역사가 깃든 것이었다.

말씀은 우리에게 생명의 역사를 부여한다. 지치고 상한 영혼뿐만 아니라 사랑에 굶주린 이 땅 구석구석에 말씀은 생명을 낳는다. 생명이 깃드는 곳에는 다툼과 분열이 하나가 되는 역사가 일어난다. 성령의 역사는 하나 되게 하는 역사요, 마귀의 역사는 분열시키고 당 짓게 하는 역사이다. 상처와 아픔으로 얼룩진 이 땅에 예수의 생명이 필요하다.

그래서 복음이 들어가지 않은 곳 치고 선진국이 되지 않은 나라가 없다. 저 북녘땅에도 복음이 들어가 복음 통일이 이루어져야 하고, 전 세계에도 복음의 문이 닫힌 곳에 복음이 들어가 생명의 불같은 역사가 일어나야 할 것이다. 생명의 역사가 깃드는 곳에는 희생이 따른다. 사랑은 희생이 필요하다. 희생이 없는 사랑은 가짜다. 그런 면에서 우리 하나님의 사랑은 아가페 무조건적인 사랑이다. 조건을 따지지 않는 사랑이다.

사람은 과거를 묻고 따지기 좋아한다. 하지만 하나님은 우리가 살아온 배경이 어떤지 많이 배웠는지 소유가 얼마나 있는지 외모가 준수한지 여부를 묻지 않으신다. 다만 하나님을 사랑할 수 있는 여부만 물으신다. 하나님을 사랑하면 다 되는 것이다.

> 이스라엘아 들으라 우리 하나님 여호와는 오직 유일한 여호와시니 너는 마음을 다하고 뜻을 다하고 힘을 다하여 네 하나님 여호와를 사랑하라(신 6:4-5).

하나님을 뜨겁게 사랑하면 그 사랑은 이웃에게 전이가 되는 것이다. 하나님 사랑이 곧 이웃 사랑으로 연결이 되기 때문이다. 하나님은 지금도 이 사랑을 우리에게 주고 싶어 하신다. 마지막 시대에 이 사랑의 영을 받기를 축복한다. 이 사랑은 믿음을 담보로 한 사랑이다.

믿기 때문에 사랑하는 것이고 사랑하기 때문에 믿는 것이다. 예수님의 사랑이 이미 우리에게 부어졌다. 이 사랑에 반응해야 한다. 예수의 생명을 소유한 당신은 이제 하늘나라의 대사로 하나님께서 당신을 부르셨다는 것을 확신해야 한다. 그 자부심과 담대함 속에 믿음의 길을 걸어가길 바랄 뿐이다.

3
인생의 문제 앞에서

　인생은 스스로 질문을 던지고 답을 찾아가는 과정이다. 수많은 문제 앞에서 인생은 당황하기 마련이다. 출애굽기 15장에 마라의 쓴 물을 만난 이스라엘 백성은 그 문제 앞에서 오히려 불평하기 시작했다. 불평과 원망은 또 다른 역경을 맞게 한다.
　왜 나라고 인생을 살아오면서 불평이 없었겠는가?
　그 불평을 감사로 승화시킨다는 것은 쉬운 일이 아니다. 누구나 인생의 문제를 만나면 두 가지 반응이 나타난다. 하나는 내 힘과 세상 방법으로 그 일을 헤쳐 나가는 것이고, 또 다른 하나는 절대적인 하나님에게 의존하는 것이다. 사람에게 인생의 고난과 역경은 그 사람을 만들어 가는 하나의 과정이다. 이 과정 속에 문제를 운명으로 받아들이는 사람이 있고 이 운명을 개척하는 사람이 있다.
　우리 인간은 운명적인 존재가 아니라 필연적인 존재이다. 태어난 모든 존재는 필요에 의해 생겨난 것이다. 우리 인간 또한 창조주 하나님의 선한 목적으로 지어졌다.

> 이 백성은 내가 나를 위하여 지었나니 나를 찬송하게 하려 함이니라 (사 43:21).

그분의 선한 목적을 알 때 인간은 방황하지 않는다. 하나님은 문제 앞에서 답을 주시는 분이다. 갈 바를 몰라 방황하는 인생에게 길이 되시고 슬퍼하고 낙심하고 있는 자에게 위로가 되시며 아무것도 할 수 없다고 포기한 자에게 독수리같이 날개를 펴고 올라갈 수 있는 새 힘을 주신다. 아무것도 없는 자에게 부요가 되시고 모르는 자에게 지식과 지혜가 되신다. 수많은 어려움과 세상일로 지친 영혼들을 향해 "내게로 와서 쉬라"고 명하신다.

누구나 문제없는 인생은 없다. 크고 작은 문제 속에 우리는 힘겨운 씨름을 하며 살아간다.

그래서 야곱은 천사와 씨름해서 자기가 원하는 복을 쟁취하지 않았는가?

사실 하나님과 겨루어 이길 인간은 아무도 없다. 하지만 이 씨름은 하나님의 포용과 하나님의 주권을 인정하고 순수하게 받아들이겠다는 의지이기도 하다.

어느 새부터인가 나의 차에 문제가 생기기 시작했다. 조금 전에만 해도 잘 움직이던 차가 시동이 걸리지 않는 것이다. 밧데리 방전인가 싶어 A/S 도움을 청하기로 했다. 되는가 싶더니 또 말썽이다. 그다음 날 카센타에 가서 알아보니 바꿔야 한다는 것이다.

뿐만이 아니다. 바퀴에 바람이 빠진 것이다. 바람을 넣고 난 다음에 한 달 후에 또 바람이 빠진 것이다. 원인은 못이 하나 박혀 있었다. 그리고 바퀴가 너무 많이 소모되서 바꿔야 한다는 것이다. 계속 타고 다녔으면 큰 사고로 이어질 뻔했지만, 작은 사건 속에서 바퀴를 새로 바꿀 수 있었다.

믿는 자들에게는 순간순간 하나님의 지혜를 구해야 한다. 문제를 문제로 보기보다 답으로 보아야 할 것이다. 이 세상에 답이 없는 문제는 없다. 모든 문제와 시험 뒤에는 답과 피할 길이 있는 법이다. 상황을 따지고 이해하려고 하기보다 그것을 그대로 수용할 수 있는 것이 필요하다. 광야에서의 삶은 더욱 그렇다.

세상의 모든 문제는 하나님의 말씀으로 풀어가야 한다. 하나님의 방식은 그 문제 속에서 우리 자신을 보게 하신다. 그리고 인생의 문제 앞에서 누구나 낙심하고 좌절하는 것이 아니라 하나님께 나와 그 문제를 해결 받기를 원하신다. 히스기야왕이 병이 들었을 때 이사야 선지자를 통해 왕의 생명이 얼마 남지 않은 것을 알았을 때 그는 벽을 보고 간절한 기도와 통곡으로 하나님께 자기를 맡겼다. 그 결과 15년의 생명을 연장받았다.

인생의 큰 걸림돌 앞에서 우리가 해야 할 일은 하나님을 간절히 찾는 것이다. 그것이 우리가 살아가는 광야에서의 삶이다. 하늘의 위로와 소망은 마음이 가난한 자에게 임한다. 심령이 가난하다는 것은 하나님에 대한 목마름이다. 비록 세상에 의해 채움을 받지 않더라도 하나님으로 채우겠다는 거룩한 영적인 욕심이며 거룩한 야망이다.

인생의 문제 앞에 천국의 기쁨을 누리기 위해서는 자기를 비우는 것이다. 자기를 비워야 채워진다. 문제 앞에서 자기를 비워야 한다. 다윗은 인생의 문제 앞에 하나님을 절대적으로 의지했다. 그가 광야 앞 하길라 숲에 잠자고 있던 사울의 목숨을 살려준 것은 하나님의 선하신 뜻을 발견했기 때문이다. 인생은 내가 원하고 계획한다고 해서 이루어지고 이득을 보는 것이 아니다. 때로는 문제 앞에 자신을 돌아보고 하나님을 기억하는 것이다.

문제는 우리 자신을 더욱 성숙시키는 매력이 있다. 문제를 문제로 보는 것이 우리의 문제다. 인생을 다양한 각도에서 본다면 인생에게 닥치는 문제는 또 다른 성장과 축복의 기회가 될 것이다.

내게 있어 인생의 터닝 포인트 시점이 있었다. 목회를 하면서 목회자만의 꿈이 있다. 교회가 성장하고 부흥하고 성도들의 변화, 물질 해결 등 … 어느 목회자이건 가슴에 안고 살아간다. 하지만 나에게 하나님은 이것보다 더 소중한 것을 깨닫게 하셨다.

목회는 내가 죽는 만큼 결실된다는 것을 알았다. 아직도 내가 죽지 않아서 내 생각과 감정과 나의 계획이 앞설 때가 있다. 내가 죽는다는 것은 모든 것을 성령께 위임하고 의지하겠다는 것이고, 성령의 의해 움직여진다는 것이다.

목회하면서 왜 문제가 없었겠는가?

교회에, 때로는 성도의 삶에, 크고 작은 문제들이 터질 때가 한두 번이 아니었다. 그럴 때마다 나는 하나님께 엎드려 기도했다. 그런데 신기하게도 문제 가운데 역사하시는 하나님을 경험하게 되었다. 목회자의 삶도 광야의 삶과 같다.

넓은 광야에서 무엇을 만날 지, 어디로 가야 할지 모르는 광활한 대지에 말씀하나 붙잡고 가는 여정이긴 하지만 오히려 이 모든 것들이 나를 두렵게 한다는 사실 앞에 때로는 좌절하기도 한다. 제자들도 환경을 보고 두려워했다. 그러나 우리 예수 그리스도께서 물 위를 걸어오심으로 두려워 말라고 하시면서 제자들을 안정시켰다. 인생의 바다 위를 걸어오신 주님은 세상을 다스리고 섭리한다는 것을 알아야 한다.

인생의 어떤 문제를 만났는가?

그 문제를 바라보는 시각이 남달라야 할 것이다. 광야는 우리에게 새로운 신선함을 공급해 주는 곳이다. 문제를 하나하나 풀어가면서 정상에 이르기까지 우리의 삶은 이김의 연속이다.

길갈, 벧엘, 여리고, 요단 … 장소를 바꿔가면서 엘리사는 갑절의 영감을 얻을 수 있었고 선지자로서의 사명을 완수할 수 있었다(왕하 2:1-14).

한 곳에만 머물러서는 안 된다. 문제 속에서 앞으로 나아가는 끈기가 필요하다. 사도 바울은 복음의 사명을 이루기 위해 환난과 핍박이 나를 기다린다고 해도 복음 전하는 데에 있어서는 자기의 생명을 조금도 귀한 것으로 여기지 않는다고 고백했다.

> 내가 달려갈 길과 주 예수께 받은 사명 곧 하나님의 은혜의 복음을 증언하는 일을 마치려 함에는 나의 생명조차 조금도 귀한 것으로 여기지 아니하노라(행 20:24).

인생의 문제 앞에서 믿음을 가진 자의 고백은 확실하다. 믿음은 다 같은 믿음이 아니다. 광야는 바로 우리의 믿음이 훈련받는 곳이고, 믿음이 시험받는 테스트 장소다. 많은 사람이 광야 길에서 넘어진다. 광야에서 사명을 저버리고, 믿음을 저버리고, 불순종의 길로 나아간다.

믿음이 확실히 정립되는 곳이 광야라면 우리는 이 광야 같은 세상에서 믿음으로 살아가야 할 것이다. 믿음으로 사는 자는 하늘 위로를 받는다. 무슨 일을 만나든지 만사형통한다. 그것이 곧 믿음으로 나타나는 구원받은 자의 삶이다. 광야에서 믿음을 유지한다는 것은 쉬운 일이 아니다.

광야를 선물로 주신 하나님께 감사하라!

광야에서 아무것도 없는 것 같지만 모든 것이 준비되어 있다. 아브라함은 모리아산에 올라가 독자 아들 이삭을 하나님께 바쳤다.

아무것도 없는 모리아산에 하나님은 이미 숫양을 예비해 놓으셨다. 아브라함에게는 독자 이삭을 바치는 것이 문제였고 큰 시험이 아닐 수 없었다.

문제 뒤에 하나님이 예비하신 축복이 있음을 기억하라!

축복이 오기 전에 항상 시험과 문제가 있음을 기억해야 한다. 광야의 삶이 그런 것이다. 우리의 생각과 계획대로 움직여지지 않는 곳이 광야의 삶이다. 마치 미로처럼, 준비되지 않았어도 준비된 곳이 광야이다.

생명이 살아 역사하는 곳!

광야는 우리에게 가나안이라는 여정을 믿음으로 걷게 하고 안내해 주는 표지판이다. 굴곡진 삶, 고난의 삶, 광야는 우리 믿는 자가 무엇을 위해 살고, 무엇을 추구하며 인생을 준비해야 하는지 알게 해 주는 학교이다.

문제 앞에서 내 생각을 동원할 것인가?

아니면 하나님의 말씀을 따를 것인가?

이런 문제는 그 문제를 문제로 볼 수 있고 그 문제를 답으로 볼 수 있다. 인생의 높은 산을 바라다보면 넘기에 벅차다. 인생의 고비 때마다 하나님의 손길이 미치지 않은 것이 없다. 머리카락까지 다 세신 바 되신 하나님께서 우리의 아버지가 되신다. 하나님은 우리 영의 부모로써 모든 것을 해 주신다.

중요한 것은 우리의 자세이다. 받을만한 그릇이 되어야 채워지는 것이다. 어떤 사람은 문제 앞에서 많은 것을 누리는 자가 있는가 하면 어떤 사람은 문제 앞에서 있는 것도 소유한 것도 소멸하는 자가 있다. 하나님은 고난이라는 보자기에 기적이라는 축복의 선물을 담아 우리 인생 앞에 보내신다.

이것이 광야에서의 삶이다. 밤하늘의 별이 유독 찬란하게 빛을 발할 수 있는 것은 주변이 어둡기 때문이다. 우리의 삶에도 주변 환경이 열악하고 힘겨워도 믿음이라는 빛을 안고 살아간다면 그 믿음이 모든 상황을 이기게 할 것이다.

> 무릇 하나님께로부터 난 자마다 세상을 이기느니라 세상을 이기는 승리는 이것이니 우리의 믿음이니라(요일 5:4).

살아계신 하나님을 증명할 수 있는 것은 우리의 믿음이다. 믿음 앞에서는 세상 어떤 문제도 힘을 잃는다. 간음하다 현장에 붙잡혀 온 여인에게 돌을 던지려고 하던 자들이 예수님의 한 말씀 "죄 없는 자가 먼저 돌로 치라"고 했을 때 정죄했던 자들이 양심의 가책을 받고 현장을 떠나갔다.

세상의 지혜와 지식은 복음 앞에 무용지물이다. 세상은 우리를 정죄한다. 특히, 세상 문제를 가지고 사탄은 우리를 시험한다. 인생의 문제 앞에서 해답은 우리의 경험과 지식이 아닌 하나님의 말씀이다. 광야에서의 세례요한의 외침이 그것이었다. 하나님 나라가 가까이 왔으니 회개하고 복음을 믿으라는 것이다. 하나님의 나라는 인생의 문제를 먹고 마시는 것에 주안점을 두기보다 의와 평강과 희락에 둔다. 사실, 인생의 문제는 먹고 마시는 것만 해결되면 되는 것이다. 먹고 살기 위해 인간은 살아간다고 해도 틀린 말은 아닐 듯싶다.

그러나 인간은 그런 존재로 하나님이 창조하지 않으셨다. 인간에게는 사명이라는 것이 주어졌다. 창조주의 뜻을 발견하고 함께할 영원한 존재의 가치로써의 사명이 그것이다.

유명한 톨스토이 저작에 보면 『사람은 무엇으로 사는가?』에서 사람은 사랑으로 사는 존재라고 결론짓고 있다. 그렇다. 인간은 먹고 사는 존재가 아니라 사랑으로 사는 존재이다. 하나님은 사랑이시다. 사랑으로 사는 존재만이 부족함이 없는 인생을 살 수 있다. 하나님을 목자 삼고 살아가는 인생은 언제나 방황하는 법이 없다.

여호와는 나의 목자시니 내게 부족함이 없으리로다 (시 23:1).

다윗의 이 고백은 세상을 통해 많은 문제와 씨름하며 살아가는 많은 이에게 위로를 준다. 문제가 없는 사람은 없다. 문제 앞에서 우리의 자세가 중요하다. 문제를 문제로 보는 사람과 문제를 답으로 보는 사람은 생각부터가 다르다. 생각은 우리의 성소이다. 생각은 우리의 영과 육을 지배한다.

육의 생각은 사망이요 영의 생각은 생명과 평안이라 (롬 8:6).

생각이 바뀌어야 한다. 영의 생각을 해야 세상 문제에 대처할 수 있다. 영의 생각은 생명을 잉태하고 생명을 부여한다. 문제 안에는 생명이 없다. 문제에 생명이 임할 때 문제는 답이 되는 것이다.

광야에서 겪는 문제는 생명으로 나아가는 하나의 원동력이 된다. 문제 속에서 기적을 보기 원한다면 문제 속에서 하나님을 의지하는 법을 배워야 한다. 광야가 바로 그런 곳이다. 광야와 같은 세상에 어떤 이는 짧은 인생, 어떤 이는 긴 인생을 살지만, 누구나 죽음이라는 결론을 맞이하게 된다.

그러므로 살아있음에 감사하라!

그리고 하나님을 기대하는 마음으로 인생을 살라!

내 생각과 내 계획대로 일이 안 된다는 것은 하나님이 하시겠다는 증거이다. 그런 긍정적인 마음으로 하루하루를 살아야 한다. 마지막에 웃을 수 있는 자가 복된 자이다.

성경의 많은 족보 가운데 유다의 자손 중에 아스홀의 손자 야베스라는 인물이 있다. 야베스는 그의 어머니에게서 고통 중에 낳은 아들이라 모든 형제보다 귀한 자라고 일컫고 있다. 고통 가운데 하나님 앞에 기도했기에 그가 귀한 것이다. 문제 가운데 하나님 앞에 기도하는 자를 하나님은 귀하게 보신다. 그에게 주의 손이 도와 환난을 벗어나 근심이 없게 하신다.

우리의 삶에는 주의 손이 함께하는 역사가 있어야 한다. 고통 중에 부르짖는 영성이 우리에게 필요하다. 하나님을 찾는 행위는 보이지 않던 삶에 새로운 길이 열리게 한다.

눈물 나는 한숨이 있다 하더라도 하나님은 창조주요 주권자라는 사실을 잊지 말라!

하나님은 우리의 행동을 달아보신다. 문제 속에서 낙심하면 우리의 약함을 적에게 보이는 것이다. 살아가는 것이 문제의 연속일 수도 있겠지만 그 문제가 있기에 또한 살아갈 수 있는 이유가 생기는 것이다.

어린아이에게는 문제 될 것이 없다. 부모가 모든 것을 알아서 해주기 때문이다. 그런데 성인이 되면 자기 혼자서 인생을 계획하고 주인이 되어 살아간다. 그래서 문제 속에 좌절하고 인생의 실패를 보는 것이다. 어린아이로 돌아가야 한다. 그것이 세상을 지혜롭고 승리로 살아갈 수 있는 비결이다. 순수함과 꾸밈이 없고 계산이 없고 자기를 드러내지 않는 것이 어린아이의 특징이다.

하나님은 이런 마음을 갖게 하시기 위해 광야에서 우리를 훈련하시고 연단하시는 것이다. 연단과 훈련 받은 자는 영적인 통찰력과 지각이 생겨 모든 일을 지혜롭게 처리해 간다. 그리고 삶의 원리를 알게 된다. 행복과 불행이 무엇 때문에 주어지는 지도 안다.

하나님께서 광야에 우리를 남겨 두신 이유를 알아야 한다. 그리고 그 광야에서 만나는 여러 가지 일을 통해 하나님의 뜻을 알아야 한다.

누구에게나 인생의 종말이 있다.

세상에서 만나는 고난과 역경은 하나의 과정임을 알라!

우리를 더욱 성숙하고 하나님을 더 경외하는 자로 세워 가시기 위한 하나님의 섭리임을 알 때 모든 것이 감사할 뿐이다.

하나님 되시는 농부의 소원은 무엇일까?

아마도 하나님의 나라가 이 땅에 이루어지는 것일 것이다. 그리고 한 사람이라도 낙오되지 않고 모두 천국에 입성하는 것이다. 이것은 혹독한 겨울을 대비하여 안식을 얻고자 옥토 밭을 일구는 일일 수도 있다.

열왕기상에 등장하는 엘리야도 어떻게 해야 고통당하는 백성들이 참다운 안식을 얻을 수 있을지를 고민했다. 그는 이스라엘 열두 지파를 상징하는 열두 겨릿소를 몰아 이스라엘 백성들의 마음 밭을 옥토 밭으로 만들고자 기경했다.

어떤 밭을 만들어야 좋은 열매를 얻는 옥토 밭이 되겠는가?

먼저 잡초를 제거하고 굳어 버린 땅을 일구어 돌과 자갈을 골라내고 잡초의 뿌리를 제거하여 기름진 땅을 바꾸는 것이다.

엘리야 : 내 신은 여호와, 하나님이 심판하신다.

엘리사: 하나님이 구원하신다.

성경은 이 두 선지자를 통해 하나님의 심판과 구원하심을 밝히 보여 주고 있다. 우리는 모두 시간 앞에 나그네로 서 있다. 현실이란 시간이 다 앗아가 버렸다.

잃어버린 시간을 어떻게 되찾을 수 있을까?

우리 모두에게는 잃어버린 시간에 대한 아픔과 후회가 남아 있다. 요단은 이 세상과 하나님 세상과의 경계선을 말해 주고 있다.

누가 이 세상 시간을 칼로 자르듯 가를 수 있으며, 누가 저편의 하나님 시간으로 들어갈 수 있겠는가?

그래서 엘리사는 그처럼 헤매던 이스라엘 밭 기경의 열쇠는 바로 이곳(요단)에서 목격한 것이다.

> 엘리야의 몸에서 떨어진 그의 겉옷을 가지고 물을 치며 이르되 엘리야의 하나님 여호와는 어디 계시니이까 하고 그도 물을 치매 물이 이리 저리 갈라지고 엘리사가 건너니라(왕하 2:14).

이 세상에는 소망이 없다.

인생에서 만나는 크고 작은 문제들 속에서 우리의 태도는 어떠해야 하는가?

바로 엘리사처럼 시간을 가르는 엘리야의 영감을 갑절로 구하는 일이다(왕하 2:9). 이 땅에서 하나님 나라에 거하는 천국의 삶은 바로 여기에 있다. 이 세상만이 아닌 이 땅의 삶을 다한 후 저세상 하나님 나라의 실상을 목격하는 것이다. 하나님 나라의 실상을 본 자에게는 선민 천국 백성으로 이 세상의 시간과 천국의 시간을 아는 갑절의 능력이 하늘로부터 임한다.

엘리사가 그처럼 찾아 구한 것은 이 땅에 매인 세상 시간을 가르고 온 이스라엘을 하나님의 시간 속으로 인도하여 들어가는 삶이었던 것이다.

사람은 누구에게나 시간이 주어져 있다. 어떤 사람은 욕심의 시간에 포로가 되어 덧없는 인생이라고 탄식한다. 또 어떤 사람은 이 세상 죄의 시간에 눌려 자기를 원망하고 세상을 저주하며 시대를 불평한다. 많은 사람이 지금도 마귀에게 유혹되어 하나님을 알지 못하고 우상의 시간인 거짓에 사로잡혀 괴로워하고 있다. 이처럼 사람들은 잘못된 시간에 잡혀 한평생을 속아 살아온 슬픔과 후회의 눈물을 흘린다.

잡초가 없는 땅, 좋은 열매를 얻는 기름진 옥토 밭, 포구를 떠난 배가 도착할 인생 여로의 항구는 어디인가?

바로 엘리사가 본 광경이 이것이다. 하나님이 주관하시는 영원의 시간이 있다. 이 세상의 시간은 제약이 따르며 잠시 잠깐이다. 우리는 하나님의 시간 가운데 거하기 위해 갑절의 능력을 구해야만 한다. 하나님 나라의 시간은 제약이 따르지 않는 영원한 시간 속에 거하는 삶이다.

하나님의 시간은 모든 어두움을 가르고 하나님과 동행하는 삶이다. 엘리사가 이스라엘 민족의 마음 밭 기경하기를 그처럼 갈망했던 것은 누구나가 잃어버린 하나님의 시간이 다시 회복되어 이 세상 욕심과 죄와 사망의 시간을 가르고 예수 그리스도와 함께 영원의 복된 시간을 살기 위해서다. 예수 그리스도는 이 땅에 구주로 오셔서 자신의 이름으로 부르는 자에게 값없이 그 길로 인도하신다.

우리는 인생의 다양한 문제 앞에서 갈등하고 고민한다. 때로는 이해할 수 없는 문제 앞에서 좌절하기도 하고 급기야는 자살도 서

습치 않는다. 세상에는 하나님께서 만들어 놓으신 원리가 있다. 이 원리를 모르기 때문에 고통스러워하고 그 답을 찾지 못해 방황하고 하나님을 원망하는 것이다.

룻기는 이러한 인간사를 잘 보여 주고 있다. 룻의 진정한 뜻은 "자손"이다. 역사를 움직이는 자손이라는 것이다. 그 속에는 어두움이 전혀 없이 광명의 빛으로 충만하다. 후회나 부끄러움이 없는 진리 됨의 자유이기도 하다. 그리고 시간의 제약을 받지 않는 부족이다. 모자람이 없는 평강이 넘치는 자유를 룻에게서 찾아볼 수 있다.

또한, 파멸되거나 부서지거나 허물어지거나 없어질 성질이 아닌 온전함으로 보존될 영원한 자유가 그 속에 숨겨져 있다. 룻기에서는 신앙에서 떠난 사람과 신앙을 회복한 사람의 두 부류를 보여 주고 있다. 이 세상을 살다보면 누구나 인생의 흉년을 만난다. 흉년은 그야말로 생활하기가 불편한 생활을 말한다. 신앙생활을 하는 데는 평탄한 길만 있는 것이 아니라 자기 뜻에 맞지 않는 때도 있고, 주위의 형편에 따라 믿음의 생활을 방해받을 때도 많이 있다. 이것을 우리는 신앙의 흉년이라고 말한다.

신앙의 궁핍은 세상의 많은 문제를 해결하는 데 하나님만 의지하는 신앙심만으로는 만족할 수 없어 하나님을 의지하는 믿음에서 떠나 모압의 방법을 택한 것을 말한다. 한파, 수해, 병충해로 나타나는 결과가 바로 흉년이다. 그러나 이 세 가지보다 더 무서운 인해가 있다. 과부가 화전으로 사는 모습을 보고 물으니 남편도 아들도 호랑이에게 잡혀갔으나 산 아래 내려가지 못함은 호랑이보다 더 무서운 관료의 수탈(정치적인 횡포) 때문이라고 하였다.

오늘날에도 하나님의 뜻에 순종하지 않고 자기 의지로 과거의 실패를 거울로 삼아 현실에 충실하면 성공할 것이라는 집념을 가지고 노력하는 사람들을 많이 보게 된다.

  원하는 열매를 거둘 시기에 열매를 거두지 못하고 허망한 결과를 맞이하게 될 때 그들의 마음이 어떠하겠는가?

  참된 즐거움의 때는 모든 것을 잃을 수도 있다는 것을 알아야 한다. 세상에서 가장 억울한 사람은 주어진 기회를 잃어버린 자이다. 주어진 기회를 잃고, 주어진 시간을 잃고, 주어진 복된 삶을 잃어버린 것보다 큰 억울함은 아마 없을 것이다. 슬픔과 상처뿐인 쓰디쓴 실패의 인생은 자기중심의 삶을 살아가는 자의 결말이다.

  인생의 문제 앞에서 우리가 할 수 있는 일은 아무것도 없다. 그것을 운명적으로 받아들이기에는 우리의 존재가 너무나 아깝다. 인간은 이 땅에 운명적인 존재로 태어나지 않았기 때문이다. 인간이 당하는 모든 것은 자신을 돌아볼 기회이기도 하다. 인간이 해 아래에서 행하는 모든 것이 헛됨 뿐임을 전도서는 말씀하고 있다.

> 전도자가 이르되 헛되고 헛되며 헛되고 헛되니 모든 것이 헛되도다 해 아래에서 수고하는 모든 수고가 사람에게 무엇이 유익한가 한 세대는 가고 한 세대는 오되 땅은 영원히 있도다(전 1:2-4).

  우리는 인생의 문제 앞에서 진정한 의미를 찾아야 한다.

  바리새인과 사두개인이 어떤 사람인가?

  바로 타락한 세상을 안식하게 한다는 법을 명제로 삼은 자들이고, 병든 시대를 통치자의 권력 아래 두어 행복을 얻고자 했던 사람이고, 썩어 없어질 물질로 인해 만족을 구한 자들이다. 인류는 수만 년 동안 거짓된 것을 버리고 진실을 갈망하며 개혁의 변화를 거듭하여 진리 안에 있는 평화를 얻기 위해 변천해 왔다.

그러나 그 수만 년 동안 거짓을 버리고 진실을 추구하며 변화해 왔지만, 오늘날까지 세상을 타락시키고 시대를 병들게 하고 사람들의 심령을 부패시키고 있는 것들은 변화되지 않았다.

하나님의 형상을 떠난 바리새인과 사두개인과 같은 자들이 세월을 거쳐 현재에 이르기까지 정답을 찾지 못하고 착각 속에 빠져서 오류를 범하는 일들을 자행해 오고 있다. 아니, 어쩌면 이런 바리새인과 사두개인과 같은 기질들이 우리의 모습일 수도 있다는 생각하게 된다.

> 바리새인과 사두개인들이 와서 예수를 시험하여 하늘로부터 오는 표적 보이기를 청하니(마 16:1).

인생의 문제 앞에 남아있는 숙제는 딱 한 가지이다. 그것은 창조주인 하나님과 피조물인 우리 인간과의 관계에서 이루어지는 일들이다. 우리는 불가능하나 하나님은 가능하다. 우리는 하나만 보지만 하나님은 열을 보신다. 우리에게 주어진 인생의 문제가 어떻든지 그 문제 앞에 하나님을 초빙하는 것이다. 하나님은 우리의 문제를 알고 계실 뿐만 아니라 해결할 답도 가지고 계신 분이다.

> 내가 지존하신 하나님께 부르짖음이여 곧 나를 위하여 모든 것을 이루시는 하나님께로다(시 57:2).

> 내가 산을 향하여 눈을 들리라 나의 도움이 어디서 올까 나의 도움은 천지를 지으신 여호와에게서로다(시 121:1-2).

하나님은 당신의 삶에 놀라운 계획을 가지고 계신다. 광야의 인생길에 만나는 수많은 문제 속에 공식은 하나이다. 바로 예수 그리스도다. 예수 그리스도께서 인생의 문제를 십자가 위에서 다 이루셨다. 날마다 예수 그리스도와 함께하는 삶을 통해 인생에서 만나는 문제 속에서 답을 찾길 바란다. 예수 그리스도를 진심으로 믿는 당신에게 이 말씀은 능력이 될 것이다.

> 무명한 자 같으나 유명한 자요 죽은 자 같으나 보라 우리가 살아 있고 징계를 받는 자 같으나 죽임을 당하지 아니하고 근심하는 자 같으나 항상 기뻐하고 가난한 자 같으나 많은 사람을 부요하게 하고 아무 것도 없는 자 같으나 모든 것을 가진 자로다(고후 6:9-10).

봄이 무엇인지는 겨울이 되어야 비로소 알 수 있다. 가장 뛰어난 5월의 노래는 노변에서 만들어진다. 자유에 대한 사랑은 감옥의 꽃과 같다. 감옥에 있음으로써 비로소 자유에 대한 가치를 알게 된다. 고난을 경험한 자가 삶을 해석할 수 있고, 진정한 평안이 무엇인지를 알 수 있다. 인생은 나그네와 같다. 시간은 멈추지 않고 미래를 향해 흘러간다. 시간과 공간이라는 테두리 안에 우리는 진정한 삶의 의미와 목적을 찾아야 할 것이다.

영원한 말씀 속에 삶의 의미와 목적이 있다. 말씀 안에서 문제를 문제로 보지 않고 문제가 오히려 기회임을 안다면 우리의 모든 삶은 하나님이 연출하신 의도대로 움직여 감을 실감하게 될 것이다. 우리에게 여호와의 눈이 필요하다. 여호와의 눈으로 모든 것을 볼 수 있는 영의 눈이 필요하다. 그것은 말씀의 안경으로 세상을 보라는 얘기다. 이 모든 만물은 그분의 의해 지어졌다.

그렇다면 그분의 생각과 마음으로 바라봐야 하지 않겠는가?

세상에 일어나는 크고 작은 일들은 그냥 우연히 생겨나는 것이 아니다.

> 나는 빛도 짓고 어둠도 창조하며 나는 평안도 짓고 환난도 창조하나니 나는 여호와라 이 모든 일들을 행하는 자니라 하였노라(사 45:7).

전염병도 전쟁도 인간 역사에 일어나는 모든 일도 전능하신 창조주 하나님의 허락 없이는 일어나지 않는다. 인생의 문제 앞에 서 있는 연약한 인간은 그 문제를 이길 힘이 없다. 물론 인간이 해결할 수 있는 것이 있고 인간이 해결할 수 없는 일들이 있다. 인간에게 나타나는 문제에는 창조주의 메시지가 들어있다. 개인도, 국가도 요즘에는 위기 상태다.

이미 서구화된 우리의 생활 습관은 이미 자리를 잡은 지 오래다. 이데올로기, 생활 방식, 신체적 외모에 비해 그들 자신의 사회 체계의 변화를 채택하면서 다른 수많은 측면과 함께 문화 패턴의 변화는 서구 특성에 따라 우리 안에도 그 뿌리를 내리고 있다. 요즘에도 아이들은 시대의 흐름에 따라가고 있다. 요즘에 나타나는 여러 모양의 트렌드는 우리의 삶에 깊숙이 파고들어 와 있다. 이 트렌드를 따라가야 살아남는 시대가 되어 버렸다.

요즘 초등학생들 가운데 일어나는 일 중 하나는 친한 친구들끼리 몇 명이 밥을 먹으러 갈 때 없는 아이들은 돈이 없어도 따라간다는 것이다. 그리고 있는 아이들은 없는 아이들에게 먹어 보라고 하지 않는다는 것이다. 없는 아이들은 그냥 먹는 거 바라보는 것만으로도 힐링 된다고 한다. 도무지 이해할 수 없는 현상이다.

때마다 아이들 뇌를 자극하는 일들이 있었다. 1년 전만 해도 아이들이 좋아했던 포켓몬 빵이라는 것이 있었다. 자녀를 가진 부모들은 이 빵을 구하기 위해 새벽부터 편의점에 가서 구입한다는 것이다. 그 포켓몬 빵을 먹어 보지 않은 친구들은 따돌림당하기 일쑤였기 때문이다.

시대가 왜 이렇게 변했을까?

마치 미움이 정당화 되어 버린 시대, 욕심이 정당화 되어 버린 시대이다. 시간이나 세월을 바꿀 수만 있다면 좋으련만 인간은 주어진 삶 속에 묵묵히 걸어갈 뿐이다.

> 하나님은 모든 행위와 모든 은밀한 일을 선악 간에 심판하시리라
> (전 12:14).

인생에서 만나는 문제 앞에 두려워하지 말아야 한다. 그 문제는 세 가지로 해석이 된다.

첫째, 우리의 실수(죄의 본성) 때문이다.
둘째, 우리의 죄(사탄의 시험) 때문이다.
셋째, 우리 믿음을 달아보기 위한 과정이다.

우리의 실수는 회개해야 한다. 자기중심이 되어 버린 사람은 모든 일을 자기가 처리한다. 그리고 사탄의 시험은 우리가 깨어있지 못함의 결과이다. 깨어있지 못해 다가오는 시험의 문제는 이만저만이 아니다. 믿음의 여부 또한 하나님의 신앙고백에서 나온다.

순간순간 믿음으로 살고자 하는 자에게는 믿음을 확증할 수 있는

문제가 주어지기 마련이다. 하나님을 경외한 욥에게도 시험이 왔다. 그것은 욥의 인내를 통해 하나님의 사람임을 확증하기 위한 것이었다. 당신에게 다가온 문제는 하나님께서 당신을 사랑한다는 표시이기도 하다. 그러므로 인생의 문제를 주신 하나님께 그 답을 찾아야 할 것이다.

> 여호와의 말씀이니라 너희를 향한 나의 생각을 내가 아나니 평안이요 재앙이 아니니라 너희에게 미래와 희망을 주는 것이니라 너희가 내게 부르짖으며 내게 와서 기도하면 내가 너희들의 기도를 들을 것이요 너희가 온 마음으로 나를 구하면 나를 찾을 것이요 나를 만나리라 (렘 29:11-13).

> 환난 날에 여호와께서 네게 응답하시고 야곱의 하나님의 이름이 너를 높이 드시며 성소에서 너를 도와주시고 시온에서 너를 붙드시며 네 모든 소제를 기억하시며 네 번제를 받아 주시기를 원하노라 네 마음의 소원대로 허락하시고 네 모든 계획을 이루어 주시기를 원하노라 우리가 너의 승리로 말미암아 개가를 부르며 우리 하나님의 이름으로 우리의 깃발을 세우리리 여호와께서 네 모든 기도를 이루어 주시기를 원하노라(시 20:1-5).

인생의 문제 앞에서 나약한 인간이 되지 말라!

그 문제를 만났을 때 당신의 믿음을 발휘할 때다. 믿음은 하나님을 의지한다는 경외의 표시이다. 믿음만이 하나님을 기쁘시게 할 수 있다. 믿음만이 상황을 바꿀 수 있다. 믿음은 바라는 것들의 실상이며 보이지 않는 것들의 증거(히 11:1)이다. 다윗은 문제의 골리

앗을 만났을 때 칼이나 군복이 익숙하지 않았다.

> 다윗이 칼을 군복 위에 차고는 익숙하지 못하므로 시험적으로 걸어 보다가 사울에게 말하되 익숙하지 못하니 이것을 입고 가지 못하겠나 이다 하고 곧 벗고 손에 막대기를 가지고 시내에서 매끄러운 돌 다섯을 골라서 자기 목자의 제구 곧 주머니에 넣고 손에 물매를 가지고 블레셋 사람에게로 나아가니라(삼상 17:39-40).

우리의 삶에 다시 오는 수많은 문제는 우리의 익숙함으로는 해결이 되지 않는다. 그 문제는 매끄러운 물맷돌(예수)이 필요할 뿐이다. 세상의 모든 문제는 예수의 이름 앞에 무릎을 꿇을 수밖에 없다.

> 이러므로 하나님이 그를 지극히 높여 모든 이름 위에 뛰어난 이름을 주사 하늘에 있는 자들과 땅 아래에 있는 자들로 모든 무릎을 예수의 이름에 꿇게 하시고 모든 입으로 예수 그리스도를 주라 시인하여 하나님 아버지께 영광을 돌리게 하셨느니라(빌 2:9-11).

사람은 문제 앞에서 강해지는 법이다. 평상시에는 믿음의 사실 여부를 판가름하기 어렵다. 하지만 인생을 살아가다 만나는 문제 가운데 믿음의 진짜와 가짜가 분명히 드러나는 법이다. 순간순간 만나는 인생의 문제 앞에 문제가 문제로 남지 않고 문제가 기회로 주어져 승리하길 바란다.

> 이스라엘아 여호와를 의지하라 그는 너희의 도움이시오 너희의 방패시로다 너희는 천지를 지으신 여호와께 복을 받는 자로다(시 115:9, 15).

4

운명적인 인생이
필연적인 인생으로

내 나이 4세 때 친어머니를 여의고 바로 외숙모(작두 무당) 집으로 보내지게 되었다. 그때만 하더라도 먹고 살기 힘들었을 때라 아버지는 4남매를 데리고 양육할 환경이 안 돼서 각자 각자를 친척 집에 보냈다. 일주일에 한 번 정도 굿을 하기 시작해서 늘 몸에는 부적을 가지고 다녔다. 운명적인 존재로 태어났기 때문에 몸에 지니고 다니라는 외숙모의 간절한 부탁이었다. 밤마다 꿈에 귀신이 나타나는가 하면 멀쩡한 현실 앞에 귀신이 보여지기도 하고 두려움과 함께함이 마치 일상이 되었다.

그때가 중3 때인 것 같다. 마음이 너무 힘들고 괴로워 귀신의 속삭임에 자살을 결심하게 되었다. 방 안에 혼자 자살하려고 결심하는 중에 운명적인 존재로 태어났다는 것에 한 없이 울고 또 울기 시작했다.

얼마의 시간이 지났을까? …

갑자기 조용하던 방 안에 빛이 비치더니 찬송이 흘러나오기 시작했다(이것은 개인적인 영적인 체험임을 이해하기 바란다). 그러면서 **빨간 십자가**가 눈앞에 명확하게 보이는 것이다. 그리고 주님의 음성이 들렸다.

아들아 내가 너를 사랑한다. 내가 너를 통해 영광 받으리라.

정확한 주님의 음성이었다. 그리고 아무것도 모르는 상황에서 이런 영적 체험을 하고 나서 바람을 쐬러 집을 나섰다. 아무 생각 없이 걸었다.

십 분 정도 걸었을까?

바로 눈앞에 푸른 교회라는 장로교 간판이 눈에 들어왔다. 그리고 교회가 무엇을 하는 곳인지 궁금하기도 했지만, 아까 내가 체험한 십자가가 궁금하기도 했다. 교회 안에서 누가 나오셨다. 목사님이셨다 (그때는 누구인지 줄 몰랐지만 …). 교회 안에 들어서자마자 나는 놀라고 말았다. 상다리가 부러질 정도로 많은 음식이 차려져 있었다.

지금에서야 성경 말씀이 생각난다. 누가복음 15:11-32에 탕자의 비유에서와 같이 나간 자식이 모든 것을 탕진하고 돌아왔을 때 그 자식을 위해 모든 것을 준비하셨던 부모의 마음이 바로 하나님 아버지의 마음이었던 것이었다. 그 이후로 나는 예수를 믿게 되었다. 운명적 인생이 필연적 존재로 바뀐 것이다. 내 개인적인 간증이긴 하지만 인생의 문제 앞에 답을 찾게 된 것이 얼마나 감사한지 모른다.

지금도 수많은 사람이 운명적인 인생을 살아가고 있다. 예수님께서 이 땅에 오신 목적은 운명과 사주와 팔자에 매여 죄에 종노릇하며 살아가는 자들에게 자유와 해방을 주기 위함이다. 그분이 죽으셨기에 내가 살아난 것이다. 그분이 생명을 버리셨기에 내가 생명을 소유할 수 있었던 것이다.

지금도 운명 앞에 두려워 떨고 있는 자들을 향해 하나님은 말씀하신다.

두려워 말라 내가 너와 함께 함이니라 놀라지 말라 나는 네 하나님이 됨이니라 내가 너를 굳세게 하리라 참으로 너를 도와 주리라 참으로 나의 의로운 오른손으로 너를 붙들리라(사 41:10).

인생의 문제 앞에 예수의 이름으로 명령하라!

그 문제가 답이 될 것이다. 인생은 스스로 개척해 가야 한다. 다만 하나님의 말씀이 기준이 되어야 한다. 아브라함은 갈 바를 몰라 말씀에 의지하여 나아갔다. 처음부터 알고 시작하거나 알고 나아가는 사람은 없다. 그래서 믿음이 필요한 것이다. 믿음은 운명을 필연으로 바꾼다.

길가에 있는 돌멩이 하나, 풀 한 포기 하나라도 하나님의 섭리 안에서 존재한다. 넓은 대지와 깊은 바다를 보라. 끝없는 우주에 떠 있는 별들도 이 모든 것이 하나님의 아름다운 걸작품이다. 이 땅에 존재하는 모든 것은 하나님의 손길에 의해 만들어졌다.

예수 안에서는 모든 것이 필연이다. 광야에서 만나는 인생의 모든 문제는 나를 향한 하나님 사랑의 편지이다. 그 편지에는 하고 싶은 말들이 많이 있다. 편지를 읽는 자(인간)보다 편지를 쓰는 분(하나님)의 마음이 그 편지에 스며있다. 하나님은 우리 믿는 자들을 향해 너희는 그리스도의 편지라고 하지 않았던가 … 우리는 세상의 편지로, 때로는 그리스도의 향기로 나타나야 한다.

인생의 문제 앞에서 절망하고 삶을 포기하는 자들에게 인생이 운명이 아닌 필연임을 보여 주어야 한다. 그것이 바로 하나님께서 당신을 구원하신 목적 중의 하나이다. 어느 것이 길인지, 어느 것이 진리인지, 운명의 길목 앞에 가인처럼 유리하는 자가 되지 말아야 할 것이다. 유리하는 인생은 인생의 답을 찾지 못한 자요, 고달픈 인생이다. 신앙의 정절을 지킨 믿음의 선진들도 막막한 유리하는 자의 삶을 경험했다.

그러나 하나님의 백성에게는 이 땅에서 유리하는 것이 전부가 아니라 끝이 있으며, 그 끝에는 영구한 하나님의 도성이 준비되어 있음을 알아야 한다. 아브라함은 하나님이 주신 도성을 알았기에 이 땅에 미련을 두지 않았다.

그리스도인의 삶은 때로 막다른 골목에서도 믿음을 고백할 수 있어야 한다. 내 인생은 내가 아니라 하나님이 책임지시는 인생이라고 말할 수 있어야 한다. 인생의 수많은 고비 속에 요나와 같이 내 인생을 펼쳐서는 안 될 것이다. 인생에서 만나는 문제들은 사명을 발견하라는 창조주의 메시지다.

인생을 향한 창조주 하나님의 뜻을 다 헤아리지 못한다고 하더라도 나를 만드시고 나를 창조하신 하나님 아버지의 마음은 흔들림이 없어야 한다. 그것은 "내가 너를 사랑한다"는 것이다.

> 영원부터 만물을 창조하신 하나님 속에 감추어졌던 비밀의 경륜이 어떠한 것을 드러내게 하려 하심이라(엡 3:9).

이 땅에 태어난 인간은 누구를 막론하고 하나님 앞에 사랑받을만한 존재이고 가치 있는 존재이다. 때로는 환경과 상황이 내가 계획했던 대로 이루어지지 않는다 해도 인생의 무대 연출가이시고 작가이신 하나님께서 우리의 인생을 지금도 멋지게 써가고 계신다. 세상이라는 무대에 우리는 배우일 뿐이다. 그리고 연출가는 창조주 하나님이시다. 배우는 연출가의 의도에 따라 움직일 때 그 작품은 성공하는 것이다.

우리의 인생도 그분의 계획(말씀)하에 움직일 때, 우리는 만나는 인생의 문제 속에서도 노래할 수 있다. 상처와 아픔 속에 살아온 지난날들을 생각해 보라. 그것이 있었기에 오늘의 정상에 설 수 있었다.

나는 결혼하고 신혼여행을 제주도로 갔다. 그 해가 추운 겨울 2월이었다. 아내가 한라산 등반을 하자고 해서 한라산 등반을 했다. 눈보라를 맞으며 걷는 그 힘겨운 시간은 무엇과도 비교할 수 없는 나에게는 포기하고 싶은 순간이었다. 하지만 이것을 포기한다면 인생을 포기한다는 생각이 들어 이를 악물고 정상에 올라가기 시작했다. 오르다 보니 정상은 아니지만 중간 산턱이 나왔다. 거기서 더 올라가 세 시간을 걸어서야 마침내 목표지점에 다 달았다.

그리고 거기서 먹은 사발면 한 그릇은 세상 그 어떤 음식에도 비교할 수 없는 꿀맛이었다. 복음이 우리나라에 들어온 이래로 이렇게 맛난 음식은 처음이다. 혹독한 겨울이 지나면 따뜻한 봄이 오듯이 우리의 혹독한 인생에도 따뜻한 봄날을 기대해 본다.

38년 된 병자는 운명 속에 갇혀 살았다. 그가 필연적인 존재가 된 것은 예수를 만났을 때이다. 지금도 운명에 묶여 살아가는 자들에게 우리 예수님은 필연의 존재가 되어 주신다. 인간은 태어나면서부터 운명 속에 갇힌 존재로 태어나지 않았다. 영원히 하나님과 함께할 사랑의 존재로 이 땅에 태어난 것이다. 다만 죄로 인해 인간은 운명에 묶였을 뿐이다. 세상은 운명과 팔자를 논한다. 하지만 예수 그리스도는 운명과 팔자를 바꾸기 위해 오셨다. 광야는 운명적인 존재를 깨우는 곳이다.

솔개는 새 중에 수명이 매우 길다. 약 70년에서 80년을 살아간다. 하지만 솔개가 그렇게 오래 살기 위해서는 반드시 거쳐야 할 힘거운 과정이 있다. 솔개가 40년 정도를 살면 부리는 구부러지고 발톱은 닳아서 무뎌지고, 날개는 무거워지고 볼품없는 모습이 되고 만다.

그렇게 지내다가 서서히 죽느냐?

아니면 고통스러운 과정을 통해 새로운 삶을 살 것이냐? …

변화와 도전을 선택한 솔개는 바위산으로 날아가 둥지를 튼다. 그리고 솔개는 자기 부리로 바위를 쪼기 시작한다. 쪼고 쪼아서 낡고 구부러진 부리가 다 닳아 없어질 때까지 쪼아 버린다. 그러면 닳아진 부리 자리에서 매끈하고 튼튼한 새 부리가 생겨난다.

그리고 새로 나온 부리로 자기 발톱을 하나하나 뽑기 시작한다. 낡은 발톱을 뽑아 버려야 새로운 발톱이 나오기 때문이다. 마지막으로 새 깃털이 나도록 무거워진 깃털을 하나하나 뽑아 버린다. 그렇게 생사를 건 130여 일이 지나면 솔개는 새로운 40년의 삶을 살 수 있게 된다.

세상을 살다 보면 선택해야 할 때가 있다.

내 운명을 그대로 받아들일 것인가?

아니면 솔개처럼 새롭게 비상할 것인가? …

중요한 변화를 위한 선택의 기회가 찾아와도 용기 있는 결정을 하지 않으면 운명 속에 살다가 운명으로 마치게 된다.

나에게 과연 필요한 변화가 무엇인가?

또한, 무엇이 기회인지, 어떤 결정을 내려야 할 것인지 선택해야 한다.

우리의 미래는 하나님께 달려 있다. 하나님 안에서는 인생이 이미 계획 되어져 있다.

> 그는 정직한 자를 위하여 완전한 지혜를 예비하시며 행실이 온전한 자에게 방패가 되시나(잠 2:7).

정직한 자에게는 이미 필연적인 삶을 살도록 하나님이 모든 것을 예비해 놓으신다. 즉, 예비 된 인생을 사는 것이다. 하루아침에 운명이 바뀌는 것은 기적이다. 예수님 당시 수많은 병자가 그랬고, 지금도 예수 믿고 인생 팔자가 바뀌는 것은 이루 말할 수 없이 많다. 처음부터 운명적인 존재로 가기를 받아들이고 살아가는 삶의 모습과 필연적인 존재로 살아가는 삶의 모습이 다르다.

전자는 매사에 두렵고 불안한 삶을 살아간다. 소유에 대한 집착과 언제 인생이 실패의 기로에 설지 알 수 없는 불안감과 두려움이 자신을 짓누른다. 하지만 후자의 삶은 매사가 생기가 있고 감사가 넘친다. 인생의 진정한 주인이 누구인지, 인생의 진정한 왕이 누구인지, 인생의 진정한 공급자가 누구인지를 알기 때문이다.

하루를 천년처럼 사는 사람이 있고, 천년을 하루같이 사는 사람이 있다. 지혜로운 사람은 천년을 하루같이 사는 사람이다. 가까운 것만 보고 사는 사람이 있고, 먼 미래를 보고 사는 사람이 있다.

필연적 존재로 사는 사람은 그의 삶이 신비롭기만 하다. 배워서 익혀진 것도 아니고 경험해서 주어진 것도 아니다. 하늘로부터 주어진 삶이다. 남들이 볼 수 없는 삶, 남들이 가질 수 없는 삶, 남들이 느낄 수 없는 삶을 필연을 가진 인생이 취한 몫이다. 우리는 평범하지만 평범한 삶을 넘어선 삶을 살아간다.

그것이 필연적 존재로 살아가는 자들의 삶이다.

운명을 개척하라!

필연은 언제든지 준비되어 있다. 운명에 자기를 맡기지 마라. 우리는 운명에 매여 사는 인생이 아니라 필연적인 인생을 살라고 하나님이 부르셨다. 고통과 불행은 운명에 매여 살아가는 사람들에게서 나타난다.

새로운 피조물로서의 삶은 예수로 말미암아 운명에서 필연으로 바뀌는 순간부터이다. 광야에서의 삶은 운명적인 삶이 아닌 필연적인 삶임을 알게 한다. 세월의 시간 속에서 운명적인 삶과 필연적인 삶은 우리에게 선택을 요구한다.

당신은 과연 운명에 의하여 움직여지는 존재인가?

아니면 필연에 의해 움직여지는 존재인가?

운명적인 삶을 논하기 전에 먼저 당신이 어디에서 주어진 존재임을 알아야 한다. 우리는 하나님에게서 왔고 앞으로 하나님께로 가야 하는 존재이다.

거짓된 운명에 속지 말라!

당신은 필연적인 존재로 이 땅에 보내심을 받았다. 이것이 광야에서 캐내어 알 수 있는 복음의 비밀이다.

인간은 무엇인가?

이런 질문에 우리는 답할 수 있어야 한다. 하나님께서 사람을 만드실 때 흙으로 자기 형상대로 만드셨다. 하나님은 자기 모습을 계시 속에 인격으로 나타내셨다. 인격이란 격식을 갖추어서 우리에게 나타내 주는 것을 말한다. 곧, 하나님은 자기 형상으로 우리를 창조하시고 계시 속에서 영으로, 신령한 것으로, 역사 속의 실제적 예언사적인 사건으로 우리에게 나타내 보이셨다.

하와를 미혹한 옛 뱀(사탄)은 지금도 인간 역사에 개입해서 필연적인 인생을 운명적인 인생으로 바꾸려고 한다. 사탄의 미혹을 받아 진정한 인간성을 잃어버린 아담에게 하나님은 찾아오셨다.

여호와 하나님이 아담을 부르시며 그에게 이르시되 네가 어디 있느냐 (창 3:9).

진정한 인간성을 잃어버린 아담의 모습은 눈이 밝아져 하나님과 같이 되고자 선악을 판단하는 자가 되어 버렸다.

눈이 밝아져 아담이 본 것은 무엇일까?

자기 존재를 보았다. 창조주 하나님과 같지 않은 피조물인 자기의 존재를 보았던 것이다. 은혜 가운데서 하나님이 창조하신 세계를 누리는 것으로 보지 않고 상대적인 관계의 세계로 보게 된 것이다. 그리고 자기의 모습을 보았다. 자기 소유는 하나도 없는 벌거벗은 자기 모습을 보았다. 그리고 자기 형편을 보았다. 동산지기에 불과한 자기 자신의 처지를 본 것이다.

선악과를 먹고 난 아담과 하와는 눈이 밝아져 자기들이 벗은 줄을 알고 무화과나무 잎을 엮어 치마로 삼았다(창 3:7). 무화과나무는 인간의 어떤 제도나 인간이 만든 틀, 또는 제국, 이데올로기, 편 가르기를 상징한다. 치마는 인간의 약점을 보완하려는 수단으로 법과 제도를 만들어 그 약점을 보충하는 방법으로 선택한 것이다.

결국, 이로 인해 하나님의 심판이 주어지게 되었고 인간에게는 종신토록 수고하여야만 땅의 소산을 먹을 것과 잉태하는 고통이 더해지게 되었다. 사탄은 하나님의 징계를 받게 되었고, 욕망의 사슬에 매인 존재로 전락하고 말았으며, 순진하게 지음 받은 사람을 미혹하는 거짓의 주체가 되어 버렸다.

그리고 자신의 부족함을 알고 온전하기를 원하는 자의 원수가 되었을 뿐만 아니라 여자의 몸에서 태어난 예수 그리스도에게 실패하는 존재로 전락하고 말았다. 이처럼 사탄은 저주 받은 존재로 지금도 이런 방법들을 통해 우리의 삶에 역사하고 있다.

지금도 사탄은 운명적인 삶으로 인간을 유도하고 있다. 태어난 것도 운명이고, 살아가는 것도 운명에 의해 결정되는 것처럼 말이다. 이 땅에는 운명적인 것이 하나도 없다. 전부 창조주에 의해 필연적인 존재인 것이다. 들에 피는 꽃도 날아가는 새들도 말이다.

> 공중의 새를 보라 심지도 않고 거두지도 않고 창고에 모아들이지도 아니하되 너희 하늘 아버지께서 기르시나니 너희는 이것들보다 귀하지 아니하냐(마 6:26).

인간이 살아있다는 것은 지금도 변함없이 창조주의 사랑을 받고 있다는 증거이다. 예수 그리스도의 죽음은 우리 인간을 더욱 사랑한다는 확실한 증거이기도 하다. 그러므로 사랑을 받는 인간은 운명적인 존재가 될 수 없다. 위대한 신앙인들은 운명을 필연으로 바꾼 자들이다.

요셉은 주어진 환경이 마치 운명처럼 보였다. 하지만 그를 마지막에는 국무총리라는 대열에 세우기 위해 필연적인 존재로 만들어 가신 것이다. 다윗은 주어진 환경을 운명처럼 여기지 않았다. 그는 자기를 부른 것은 환경이 아니라 하나님이신 것을 확신했기에 하나님만 의지하며 주어진 양을 관리하는 목동 일에 충실하였다.

사람이 운명적인 존재에서 필연적인 존재로 전환점이 되는 사건이 있다. 그것은 하나님의 은혜가 입혀질 때다. 누구든지 하나님의 은혜가 임하면 필연적인 존재가 되는 것이다. 그래서 사람에게는 하나님이 필요한 것이다. 광야에서의 삶이 그렇다. 그래서 광야는 하나님의 뜻을 알아가는 곳이다.

> 네 하나님 여호와께서 이 사십 년 동안에 네게 광야 길을 걷게 하신 것을 기억하라 이는 너를 낮추시며 너를 시험하사 네 마음이 어떠한지 그 명령을 지키는지 지키지 않는지 알려 하심이라 너를 낮추시며 너를 주리게 하시며 또 너도 알지 못하며 네 조상들도 알지 못하던 만나를 네게 먹이신 것은 사람이 떡으로만 사는 것이 아니요 여호와의 입에서 나오는 모든 말씀으로 사는 줄을 네가 알게 하려 하심이니라 (신 8:2-3).

하나님은 운명 속에 갇혀 사는 인생을 필연적인 인생으로 만들기 위해 끊임없이 낮추신다. 그리고 시험하셔서 오직 하나님만 바라보게 하신다. 순종은 말씀에 대한 확신으로 이루어진다. 자기가 필연적인 존재라는 것이 인식 되어졌을 때 사람은 말씀에 순종하게 된다.

우리가 필연적인 존재로서 부름을 받고 행할 때 환경은 곧 우리에게 순종하게 된다. 환경은 우리를 운명에 묶어두려 하지만 말씀은 우리를 그 운명에서 벗어나 필연적인 인생으로 도약하게 만든다.

롯은 자신이 운명에 매여 있어서 보기 좋고 에덴과 같은 땅 소알을 택했다. 그러나 아브라함은 없는 것을 있게 하시는 하나님의 말씀을 따랐다. 비록 척박하고 풀 한 포기 나지 않는 광활한 땅이었지만 가나안 땅에 거주하게 되었다. 보이는 것이 다가 아니다. 보이지 않는 영구한 소유가 있음을 알아야 한다.

운명적인 인생은 이 땅에 만족한다. 그러나 필연적인 인생은 소망을 이 땅에 두지 않는다. 이 땅에 있는 것들은 전부 썩어 없어질 것들이다. 지난 세월을 돌이켜 보면서 남은 삶도 의미 있고 가치 있는 삶을 살기를 소망해 보는 것이 필연적인 인생이 추구하는 일이다.

언제 어디서나 우리 각자는 삶의 기한이 있다. 그 기한은 아무도 모르고 오직 하나님만 아신다. 운명적인 인생이 필연적인 인생으로 살 수 있는 것은 전적인 하나님의 은혜이다. 그 하나님의 은혜가 예수 그리스도를 통해 나타나게 되었다. 예수 그리스도 안에서 누리는 복들은 필연적인 인생을 살고자 하는 자에게 주어질 것이다.

5
아름다운 도전

 광야에서 우리는 보고 듣는 훈련을 해야 한다. 우리를 위협하는 요소들, 환경들이 너무 많기 때문이다. 부딪히는 일과 속에서 보고, 듣고, 말하고 생각하는 것들을 통해 삶의 지혜를 터득해 간다.
 인생은 기대와 모험 속에 자신의 꿈을 실현해 나간다. 생각했던 기대 이상이 생겨나기도 하고 기대에 못 미치는 일들을 접할 때도 있다. 삶을 도전한다는 것은 실로 아름답다. 도전하는 자에게 삶은 많은 것을 가져다준다.
 갈렙은 나이 85세가 되었어도 그의 비전은 식지 않았다. 아무도 취하지 못한 헤브론산을 정복하겠다고 나선 것이다.

> … 이 산지를 내게 주소서 … (수 12:12).

 이런 갈렙의 포부 속에 아름다운 삶의 도전이 시작된 것이다. 누구나 꿈꿔보지만 자기에게 주어진 삶에 이상을 가지고 무언가 이루어야 하겠다는 마음은 실로 아름다운 일이다. 광야에서 보내는 기간이 길면 길수록 무엇을 도전해 본다는 것은 아름다운 일이다.
 내가 목회하기 전에는 연예인이 되는 게 꿈이었다. 유명한 배우가 되는 게 꿈이어서 1995년도에 MBC 방송사 근처에 있는 M.T.M 이라는 연기 학원을 다닌 적이 있었다. 나름대로 끼가 있는 아이들이 모여 연기 연습을 했다. 그러나 그 연예계의 길이 쉬운 길이 아니었다. 인맥 아니면 정통 코스(공채 시험)를 밟아야만 했다.

나는 1996년도에 명지대학교 사회교육원 연극영화과에 입학하게 되었다. 거기서 한국무용협회 회장을 지내신 민준기 선생님을 만나게 되면서 스승님과의 나의 인연은 시작이 되었다. 남자분이라 엄하신 데다 공연을 앞둔 날이면 물불 가리지 않고 단원들을 혹독하게 훈련을 시켰다. 춤에 대한 남다른 소질을 나에게서 발견한 것은 1983년 때인 초등학교 6학년 때부터 마이클 잭슨과 브레이크댄스에 접하면서부터였다.

그리고 춤의 취미가 된 나는 청소년 시절부터 나이트 장에 가 한껏 춤을 과시하기도 했다. 세상을 향한 나의 열정과 욕망이 시작된 것이다. 이때만 하더라도 교회하고는 거리가 먼 삶이었다. 고등학생 때인 어느 겨울에 예수님과의 인격적인 만남이 이루어지면서 내가 잘하는 춤을 하나님께 몸으로 영광 돌릴 수 있도록 하나님은 춤을 바꾸어 주셨다. 그것이 워십 댄스였다.

지금은 하나님의 은혜로 지혜로운 아내를 만나 목회 선상에서 작은 개척교회 담임목사로 워십 댄스 사역자로 하나님께 쓰임 받고 있다. 사명 때문에 도전한다는 것은 아름다운 일이다. 환경이 따라 주지 않는다고 해서 도전을 멈춰서는 안 된다.

도전하다 보면 환경이 따라주게 되어있다. 아이들은 환경에 의해 지배받고 환경에 적응하며 자라간다. 그래서 아이들 교육은 환경이 중요하다. 환경이 열악한 아이일수록 도전정신이 강하다. 10년 전 일주일 동안 나는 캄보디아로 선교를 간 적이 있었다.

그곳 아이들을 만났을 때 초등학생들이 직접 음식을 해서 우리 사역자들을 대접한 적이 있었다. 환경이 열악한데도 불평하나 내색 없이 끊임없는 한국 언어와 자기들이 추구하는 목표를 위해 처한 환경과 상관없이 도전하는 것을 보았다.

환경 때문에 불안과 초조로 도전을 오히려 두려워하는 사람들도 있다. 끊임없는 노력과 도전은 삶의 희망과 용기를 준다. 예전에 자주 보던 TV프로 중에 <정글의 법칙>이라는 프로그램이 있었다. 나온 출연진들은 새로운 나라들을 탐방하여 그 나라의 문화와 이색적인 풍경과 그곳의 생활을 익히고 도전하는 일들이 흥미로웠고 간접적인 경험이 되었다.

새로운 환경의 적응과 그 환경에서의 또 다른 도전은 미래를 쟁취하기 위한 나름의 새로운 기약이라 할 수 있다. 가보지 않은 길을 간다는 것, 경험하지 않은 일들에 대해 도전하는 것은 아름다운 일이다. 땅은 정직하다. 사람은 무엇으로 심든지 그대로 거두게 되어있다.

12월 입시 철이 되면 학생들은 입시에 도전한다. 새로운 미래를 위해서다. 미래를 위해 무언가 이루기를 원한다면 지금 도전하라. 반드시 꿈이 현실이 될 것이다. 광야에서 우리의 도전이 이와 같다.

특히, 신앙인들에게 있어서 도전은 애굽에서의 수많은 도전이 있었기에 가나안 땅에 도착할 수 있었다. 물론 광야 40년 이후 모세시대 1세대는 가나안에 들어가지 못했지만, 여호수아 시대에 이르러 2세대는 그 영광을 맛보았다. 도전해야 정복할 수 있다.

여리고 정복을 통해 알 수 있는 것은 하나님의 말씀에 순종해야 정복의 꿈을 이룰 수 있다는 것이다. 우리 신앙인들에게 있어서 하나님 말씀에 대한 순종은 여리고 정복뿐만 아니라 미래를 개척하고 미래를 이루는 일에 확실한 보장이 된다.

광야에는 신선한 것들로 가득 차 있다. 준비하지 않으면 누구도 누릴 수 없는 곳이 광야이기도 하다. 신앙인에게 광야는 필수 코스이다. 하나님은 이곳에서 신앙인들을 도전하게 하신다. 그 도전하는 가운데에 때로는 실패를 맛보기도 하고, 성공 가도를 달리기도 한다.

실패는 또 다른 도전을 준다. 1970년대 우리나라에 권투 열기가 한창인 적이 있었다. 그중에 전 세계에 이목을 안겨 준 경기가 1977년에 있었던 홍수환과 파나마의 카라스키야와의 경기였다.

소위 7전 8기라고 했던가?

홍수환 선수는 7번 다운되고 8번째 일어나 카라스키야를 단방에 K.O. 시켰다.

그 불굴의 의지가 어디서 나왔겠는가?

바로 평상시의 연습과 그를 지도, 양육했던 코치의 말 한마디였다. 링에 올라가면 죽든지 살든지 하라는 것이었다. 너의 꿈은 링에서 이루어진다는 그 말이 홍수환 선수의 자존감을 불러 세웠고 자신감을 줄 수 있었던 원인이 되었다.

하나님은 우리에게 담대하라고 말씀하신다. 그리고 주어진 삶을 개척하라고 말씀하신다. 두려움과 위기 속에서도 하나님을 의지하여 나아가라고 말씀하신다. 신앙인에게 있어서 도전은 환경적 두려움이 아니라 도전할 수 없게끔 만드는 자신의 나약한 마음을 먼저 정복해야 한다는 것이다. 마음이 강하고 담대하지 않으면 도전이란 불가능하다. 세상일은 내 마음과 생각과 계획대로 이루어지지 않는다.

끊임없이 도전하고 또 도전하는 자에게 미래는 그의 것이 된다. 어느 날 발달성 지체 장애를 가진 준호의 소식을 접하게 되었다. 어머니의 눈물의 기도로 준호는 세계장애인수영대회에서 1등을 차지했고, 다양한 솜씨를 통해 얼굴을 알리기도 했다. 그 후에 국밥집 사장을 하며 음식점을 경영하는가 하면 일반인들이 하기 어려운 일도 서슴치 않고 해내는 것을 보았다. 무언가 도전한다는 것은 삶을 건강하게 만든다. 준호뿐만이 아니다.

다양한 장르와 각계각층에서 도전을 위해 끊임없는 노력과 훈련을 가진 이들이 많다. 미래는 도전하는 자의 것이다. 도전하지 않고서는 그 사람 삶의 깊이를 알 수 없다. 도전해서 실패하는 경우도 있지만 실패 속에서도 끊임없는 도전은 어느 새 삶의 퍼즐이 되어 완성으로 남는다. 특히, 광야에서의 도전은 무모한 일일 수도 있겠지만 또 한편으로는 길을 내는 것일 수 있고 존재하지 않는 것에 존재를 부여할 수 있는 원동력이 될 수 있다.

무슨 일을 하든지 도전해 보는 것은 아름답다. 되지 않은 과거의 일은 묻어두고 앞으로 될 일들에 대해 도전해 보라. 생각지 않은 일들이 펼쳐질 것이다. 우는 것만큼 기쁨은 주어질 것이다.

> 눈물을 흘리며 씨를 뿌리는 자는 기쁨으로 거두리로다(시 126:5).

광야에서 흘리는 눈물은 마치 풀잎에 맺힌 이슬처럼 희미한 삶을 투명하게 한다. 눈물이 없는 삶은 메마른 삶이다. 눈물로 간구하는 자의 심령에는 이미 천국이 도래해 있다. 최후 승리를 기대하는 자의 삶은 언제나 모험과 도전으로 가득하다.

바닷가의 작은 모래알처럼 그 수많은 인생 가운데 과연 창조주 앞에서 어떤 존재가 아름다운 존재인가? …

창조주에 의해 빚어진 존재만큼 아름다운 존재는 없을 것이다. 이 땅에 존재하는 모든 것은 목적에 따라 만들어졌다. 피아노는 많은 이에게 음악을 통해 존재를 부여한다. 마이크는 소리를 통해 마이크의 존재를 알게 해 준다. 인간 또한 하나님의 창조 목적에 따라 창조되었다. 그 창조 목적에 따라 움직일 때 인간은 가장 아름답고 복된 존재가 되는 것이다.

아름다운 것은 다른 이들의 이목을 집중시킨다.

무엇에 도전하는가?

도전은 나를 만들어 가는 과정이고 삶을 새롭게 디자인 해가는 과정이다. 가다가 멈추면 안 간 것만 못하다.

하나님을 위해 도전하라!

그 도전 속에 자기 위대함을 발견하게 될 것이고 하나님이 창조하신 분명한 의미를 발견하게 될 것이다. 모세가 떨기나무 불꽃 가운데 소명을 받기 전에는 한 인간에 불과했다. 그러나 그에게 새로운 소명이 주어졌을 때 애굽을 향한 새로운 도전이 시작되었다. 그것은 이스라엘 백성들을 애굽의 노예에서 구해 내는 것이었다.

사명은 새로운 도전을 불러일으킨다. 누구나 다 도전을 꿈꿔보지만, 그 도전한 대로 물론 다 이루어지지는 않는다. 하지만 도전한 것에 의미가 있다. 다시 할 수 있는 기회가 있기 때문이다. 도전은 성공과 사명을 이루기 위한 하나의 레일과 같다. 레일이 있어야 목적지에 도착하기 때문이다.

당신에게 어떤 도전이 있는가?

그 도전을 위해 어떤 이는 생의 전부를 바치기도 하고 도전을 위해 목숨을 바치기도 한다. 가장 아름다운 도전이 당신에게 있길 바란다. 비록 도전한 일이 실패한다고 해도 끝이 아닌 하나의 과정임을 알라. 원하는 것은 하루아침에 이루어지지 않는다. 시냇물이 흘러 강물이 되고 강물이 흘러 바닷물이 되듯이 우리의 삶에 어떤 도전이든 의미 없는 것은 없다. 도전하는 것만으로 아름답다.

대학 입시를 앞둔 고3 수험생들에게는 새로운 도전이 되기도 한다. 학습으로 인생을 전부 평가할 수는 없지만 그동안의 노력을 감안해 볼 때 결실의 때이기도 하다. 또한, 회사에 새로 입사하는 사람들에게는 인생을 논할 수 있는 시점이기도 하다. 성공과 실패라는 공존 속에 사람은 누구나 성장해 간다. 진정한 아름다움은 실패 속에 다시 도전하는 데 있다.

인생은 성공만이 있는 게 아니다. 실패가 있기 때문에 성공이 있는 것이다. 실패라기보다는 과정이라고 해야 옳을 듯하다. 인생은 실패가 아닌 하나의 과정이다. 그 과정에서 웃기도 하고 울기도 한다. 인생의 쓴맛을 맛본 자만이 인생의 아름다움을 경험할 수 있다. 예수님은 십자가 고난의 쓴맛을 통해 부활의 첫 열매가 되셨고 믿는 우리에게 부활의 기쁨을 선사하셨다. 인생의 가장 아름다움은 가장 비천하고 가장 낮은 데서부터 시작되는 것이다.

하나님 앞에서의 도전은 특히나 그렇다. 사명을 위해 도전하고, 사명을 위해 자신을 주님 앞에 드리라. 결과는 확실히 보장되어 있다. 창조주 하나님의 손에 의해 움직여질 때 불가능은 가능으로 된다는 것을 …. 이제는 하나님 앞에서의 도전을 꿈꿔 본다. 상식이 실재하는 현실 속에 초자연적인 역사를 이루는 일은 믿음으로 도전하는 것이다. 믿음으로 도전하는 일들 속에 세상은 그 앞에 굴복할 것이고 상상은 현실이 될 것이다. 끊임없는 도전 속에 당신의 아름다운 날들을 기대해 본다.

민수기 13장에는 젖과 꿀이 흐르는 가나안 땅을 정탐하는 내용이 나온다. 그중에 오직 갈렙만이 모세 앞에서 우리가 곧 올라가서 그 땅을 취하자 능히 이기리라고 말한다. 용기 있는 대답이고 아름다운 도전이다. 사람은 경험해 보지 못한 것을 하기 전에는 두려움을 느낀다. 나 자신도 역시 인생의 많은 도전 앞에서 두려워했다. 시험에서 낙방하는 이이나 취직 문제도 그러했다. 세상일은 고사하고 하나님의 일을 한다는 일에는 더욱 자신감이 없었고 두렵기만 했다. 더군다나 목회는 사람을 다루는 일이다 보니 내 마음에 들지 않으면 스트레스받기 일쑤였다.

인생에서 아름다운 도전은 할 수 있다는 자신감이다. 목회는 영권으로 해야 한다는 것을 성령께서 알게 하셨다. 세상 처세술도 지식으로만 되어지는 것이 아닌 하나님의 지혜로 가능한 것임을 말씀을 통해 알게 되었다. 도전한다는 것은 아름답다. 실패가 있기 때문에 성공이 있는 것이고 성공이 있기에 실패가 있는 것이다. 실패를 두려워하지 말아야 한다. 성공한 사람들은 누구나 실패를 경험한 자이다.

세상에는 인간의 한계를 극복한 사람들이 많이 있다. 그 도전하는 가운데는 눈물도 있고, 아픔도 있기 마련이다. 하지만 그 아픔과 눈물은 양약이 되어 마침내 열매가 맺어 큰 수확을 이룬다. 신앙에도 도전이 있다. 신앙의 목표를 이루기 위해서는 떠나야 한다.

즉, 육신의 삶의 자리에서 영적인 자리로서의 전환이 필요하다. 아브라함은 갈 바를 알지 못한 채 하나님의 말씀을 붙잡고 본토 친척 아비 집을 떠났다. 하나님께서 새로운 일을 하실 때 우리의 삶에 내려놓는 훈련을 시키신다. 비우는 훈련, 낮아지는 훈련 등이다.

새롭게 목회를 개척하는 가운데서도 수 없는 사탄의 공격을 받았고 사람들에게서도 상처를 많이 받았다. 사탄은 현실을 바라보게 했고 하나님은 비전을 바라보게 했다. 현실을 바라보면 걱정이 이만저만이 아니었다. 하지만 작정하고 금식하며 기도했을 때 하나님은 또 다른 차원으로 나를 인도하셨다. 사람이나 환경을 의지했을 때는 되는 일들도 되지 않았다.

그러나 하나님만을 의지하고 기도했을 때 불가능을 가능케 하시는 하나님의 손길을 경험하곤 했다. 지금 사는 것을 사람들은 기적이라고 말한다. 하나님의 사랑이 감사해서 때로는 밥과 김치 하나만 먹어도 감사하여 눈물이 나올 때가 한두 번이 아니었다. 사례비 한 푼 없이 교회의 어려움 속에서도 베푸시는 하나님의 은혜가 있다 보니 그냥 즐겁고 행복하기만 할 뿐이다.

요즘에는 새벽에 하나님과 혼자 함께하는 시간이 즐겁다. 새벽을 통해 나는 은혜를 입는다. 하루의 첫 시간을 통해 그날 하나님의 은혜가 기대되기 때문이다. 새벽은 나에게 있어 그날의 아름다운 도전이며 승리이기도 하다. 하나님이 함께하신다는 확신이 있기에 하루의 삶이 행복하기만 하다.

우리의 삶은 어쩌면 고난의 연속인지도 모른다. 고난이 있기에 주어지는 은혜가 더 큰지도 모른다. 요셉은 비록 억울한 누명으로 감옥에 갇혔지만, 하나님이 함께하셔서 죄인을 간수하는 간수장에게도 하나님은 은혜를 베푸셨다(창 39:21). 아름다운 도전은 하나님이 함께하실 때 그 도전은 더욱 빛나는 것이다. 비록 실패한다 한들 그 도전은 무의미한 것이 아니라 하나님의 섭리 속에 아름답게 디자인해서 삶으로 나타나기 때문이다.

당신의 직업은 무엇인가?

그 직업에 충실을 가하라!!

직업은 좋고 나쁨이 없다. 물론 세상의 관점에서 따질 수도 있겠지만, 당신이 거하는 그곳이 바로 하나님이 보내신 선교 현장이다. 그곳에서 많은 생명들을 살려야 할 책임이 있다. 나 또한 매일 매일

교회 주변에 지나가는 사람들에게 복음을 전한다. 거절하는 사람들이 더 많다. 무감각하고 무표정한 그들의 얼굴에 세상에 대한 상처와 인생의 짐들을 얻고 있는 것을 보게 된다. 저들도 살아계신 예수님을 만날 수만 있다면 오늘도 그런 마음과 소망으로 영혼을 향한 발걸음이 분주해진다. 무슨 일을 하든지 주의 영광을 위해 해야 한다.

> 그런즉 너희가 먹든지 마시든지 무엇을 하든지 다 하나님의 영광을 위하여 하라(고전 10:31).

세상에는 도전을 안 하고 성공하는 사람들이 없다. 어떤 새로운 일에 도전하는 데는 할 수 있다는 자신감과 인내가 필요하다. 나는 어떤 일을 도전할 때 하나님의 말씀을 기억한다.

> 내가 네게 명령한 것이 아니냐 강하고 담대하라 두려워하지 말며 놀라지 말라 네가 어디로 가든지 네 하나님 여호와가 너와 함께하느니라(수 1:9).

그리스도 안에서의 삶은 아름다운 도전을 하게 한다. 도전한다는 것에 의미가 있다. 그리스도 안의 삶은 놀라운 것이다. 사도 바울은 로마서에서 이렇게 말하고 있다.

> 그리스도 예수 안에 있는 생명의 성령의 법이 죄와 사망의 법에서 너를 해방하였음이라(롬 8:2).

일단 비행기에 올라타고 높이 올라가면 지상에 붙들어 두려는 지구 인력의 법칙에서 해방된다. 그것은 지구의 인력이 아주 없어졌다는 말이 아니다. 다만 그 힘이 작용할 수 없게 된 것이다.

이것이 곧 내가 그리스도 안에 들어설 때 일어나는 현상이다. 내 생명의 영으로 말미암아 움직여지는 법칙은 나를 세상과 죄를 초월한 높은 곳으로 올려줌으로써 죄가 더 이상 나를 지배할 수 없게 된다.

당신은 그리스도 안에 들어섰는가?
세상의 모든 법칙과 세력을 초월한 높은 차원에 살고 있는가?
당신은 '나'라는 자신을 버렸는가?
십자가에 못 박았는가?

'나'라는 패배밖에는 다른 아무 결과도 가져오지 못한다는 것을 기억해야 한다.

> 내가 너희 중에서 예수 그리스도와 그가 십자가에 못 박히신 것 외에는 아무 것도 알지 아니하기로 작정하였음이라(고후 2:2).

복음을 전하는 일은 아름다운 도전이다.
생명을 위한 그 발걸음이 하나님 앞에 얼마나 귀하겠는가!
우리는 죽음의 기로에 서 있는 사람들에게 이런 복된 소식을 전해야만 할 것이다.
도전은 인생을 건강하게 만든다. 도전하는 인생은 불가능한 삶에 기적을 보게 된다. 나는 가끔 산에 오른다. 내 자신을 도전하기 위해서이다.

자기와의 싸움이랄까?

자기와의 싸움보다 더 아름다운 것이 있을까?

자신을 다스리고 정복하면 꺼진 인생에도 불은 들어오게 되어있다. 당신의 인생이 오늘뿐이라고 단념해서는 안 된다.

하나님은 지극히 작은 자를 들어 크게 쓰신다. 삼갈은 소모는 막대기 하나로 천명을 죽였고, 모르드개는 그가 비록 작은 자였지만 에스더를 친 딸처럼 잘 양육해서 나라를 위기 가운데 구하게 하는 주춧돌 역할을 했다. 하나님께서 연약하고 지극히 작다고 해서 어떤 큰일을 펼쳐 가실지는 아무도 모르는 일이다. 당신에게 있는 것은 예수 한 분뿐이다.

그러면 만족한 인생이 펼쳐질 것이다. 세상과 방백들을 의지하지 말아야 한다. 그러면 오히려 덫에 걸릴 뿐이다. 하나님을 신뢰하고 당신을 통해 놀라운 일들을 펼쳐 가실 하나님을 기대하며 기다려라. 당신의 삶을 천군 천사들이 지금도 곁에서 응원하고 있다.

> 모든 천사들은 섬기는 영으로서 구원받을 상속자들을 위하여 섬기라고 보내심이 아니냐(히 1:14).

천사들은 당신을 돕는 자들이다. 늘 당신 곁에서 묵묵히 하나님이 보낸 임무를 당신을 통해 지금도 수행해 간다.

어느 날 기도하고 잠에 들었다. 꿈에 천사들이 두루마리 책을 펼치는데 그 책 안에는 하나님의 말씀이 기록되어 있고 시편 23편의 노래가 흘러나왔다. 하나의 개인적인 체험이긴 하지만 하나님은 이처럼 하나님 자신의 마음을 때로는 기록된 말씀을 통해, 꿈과 환상을 통해, 환경을 통해, 주의 종을 통해, 불신자들을 통해 심지어 어린아이를 통해서도 말씀하신다.

어린아이들에게는 천진난만함이 있다. 호기심이 많은 때다. 기적과 위대함은 도전하는 자에게 주어진다.

우리의 삶에 아직 이루어지지 않은 일들에 도전해 보라!

끊임없이 연구하고 추구하는 가운데 새로운 미래가 펼쳐질 것이다. 그리고 하나님 약속의 말씀을 붙들고 나아가라. 하나님의 말씀은 전부 아름다운 도전을 하게 만들고 아름다운 성과를 거두게 한다.

오르지 못할 나무는 쳐다보지도 말라는 이야기를 어렸을 때부터 들었다. 그래서 그런지 좀처럼 도전하기가 두려워지는 것은 사실이다. 나는 어렸을 때 친어머니가 돌아가시고 바로 외숙모(작두 무당)에게 보내졌다. 그러면서 너는 운명이니 어쩔 수 없다면서 일주일에 굿을 한두 번 했다. 그리고 부적을 늘 손에 쥐어 주셨다. 몇 날 며칠은 물가에 가면 안 되고 뭐 하면 안 되고 그야말로 안 되는 일들을 많이 했다.

하지만 내가 예수님을 인격적으로 만나고 성령을 받고 난 후에는 하나님이 말씀하시기를 "가라 내가 너를 건지리라"고 말씀하셨다.

> 네가 물 가운데로 지날 때 내가 너와 함께 할 것이라 강을 건널 때 물이 너를 침몰하지 못할 것이며 네가 불 가운데로 지날 때 타지도 아니할 것이요 불꽃이 너를 사르지도 못하리니(사 43:2).

세상은 운명을 탓하지만, 하나님은 얼마든지 개척하고 개간하고 운명을 바꿀 수 있다고 말씀하셨다. 하나님을 위해 세상에 해야 할 일들은 너무 많다. 그중에서도 가장 시급한 일은 하나님을 믿는 것이고 지옥 갈 영혼들을 구원하는 일이다. 우리의 인생의 순간순간 의미 없는 세월은 없다. 다만 그 일을 내가 하느냐 마느냐의 문제일 뿐이다. 당신에게 주어진 삶, 최선을 다해 살아야 할 것이라고 저자는 강조하고 싶다.

어찌 기쁘고 웃는 날만 있겠는가?

하지만 희로애락 속에 우리 인생이 펼쳐지는 것이 아닐까?

가난해 본 사람이 가난에 처한 사람의 심정을 알 수 있고 아파본 사람이 아픈 사람의 마음을 헤아릴 수 있듯이 끊임없이 도전하고 나아가는 자에게 하나님은 상상할 수 없는 것들을 이루어 가시리라 확신한다.

6

하나님을 찾으라

 인간이 희열을 느낄 때가 자기가 원하는 것을 성취했을 때다. 그런데 그 희열을 세상에서만 찾는 것이 문제다. 하나님은 인간에게 '영'을 주셨다. 인간은 누구나 영적인 만족을 느낄 때 삶에 보람이 있다. 사는 이유와 목적도 영적인 만족을 느낄 때다. 사도 바울은 영적인 만족을 느꼈을 때 모든 것들을 배설물로 여겼다.

 인간의 가장 유익한 보람은 물질에서 나오지 않는다. 그것은 모든 것을 창조하시고 섭리하시는 하나님으로부터 시작된다. 인간이 아무리 애를 쓰고 노력해도 안 되는 것들이 너무나도 많다. 인간의 시작은 하나님을 찾는 데서 부터 시작된다.

> 여호와께서 이스라엘 족속에게 이와 같이 말씀하시기를 너희는 나를 찾으라 그리하면 살리라(암 5:4).

 그렇다. 인간의 끝은 하나님의 시작이다. 인간은 교만해서 하나님을 찾지 않는다. 하다가 정 안 되면 그때 하는 수 없이 하나님을 택한다. 실패한 인생이 결국에는 하나님 앞에 두 손 들고 나아오는 이들을 많이 보았다. 재산을 전부 탕진하고 이혼하고 마지막으로

극단적인 선택 끝에 전도를 통해 하나님 앞에 나와 새로운 삶을 영위하는 분들을 많이 보았다.

하나님을 찾기까지 얼마나 많은 세월을 보냈겠는가?

사실 그때까지 돌아오기만을 하나님께서 기다리셨는지도 모른다. 사람은 세상 성공과 행복을 위해 무언가를 찾는다. 찾는 것도 무엇을 찾느냐에 따라 인생이 달라질 수 있다.

> 벧엘을 찾지 말며 길갈로 들어가지 말며 브엘세바로도 나아가지 말라 길갈은 반드시 사로잡히겠고 벧엘은 비참하게 될 것임이라 하셨나니 (암 5:5).

하나님은 아모스 5:5의 말씀을 통해 범죄 한 백성에게 벧엘을 찾지 말며 길갈로 들어가지 말며 브엘세바로도 나아가지 말라고 말씀하셨다.

"벧엘"은 이스라엘의 조상 야곱이 하나님을 만나고 처음 제단을 쌓은 유서 깊은 곳이다. 후에 여 사사 드보라가 이곳에서 이스라엘 자손을 재판했고 이스라엘이 할례를 행한 곳이고, 사무엘의 중심사역지이기도 하다.

그런데 왜 하나님은 벧엘을 찾지 말라고 했을까?

그 이유는 우상숭배의 중심지가 되어 버렸기 때문이다. 북이스라엘 여러보암이 백성들이 남유다의 종교에 예속되는 것을 싫어해서 이곳에 구체적으로 금송아지 우상을 만들어 우상숭배를 획책한 곳이다. "길갈"도 이스라엘이 요단강을 하나님의 은혜로 건넌 다음에 이스라엘이 할례를 행한 곳이다. 사무엘의 중심 사역지이다. 여기도 우상숭배 중심지가 되었다. 브엘세바는 족장 시대에 아브라함과 이삭이 제단을 쌓은 곳이다. 그래서 민족적 성지가 되었다.

그러나 이곳도 혼합 종교와 우상 숭배자들의 순례지가 되어 버렸다. 그러니까 첫째로 고난과 방황이 다가올 때 절대로 세상 방법으로 해결하지 말라는 것이다. 이것이 우상에게로 풀지 말라는 뜻이다. 그러면 우상의 배후에 있는 사탄에게 영혼을 점령당해서 멸망하게 된다는 것이다.

사울이 죽기 전에 전쟁에서 패할 때 신접한 자를 찾아가는 장면이 나온다. 그 이후에 사울은 길보아 전투에서 자살하게 된다. 힘들 때 우상에게 다가가면 그 민족 나라, 가정, 개인은 멸망하게 된다. 하나님을 찾는 것이 회복의 지름길이다. 진정한 행복은 하나님을 찾을 때이다.

요즘에는 신앙인이라고 자처하는 그리스도인 중에 무당에게 찾아가 점을 본다고 한다. 더욱 놀랄 일은 그 가운데 목사님들도 있다는 것이다. 하나님 앞에 철저히 회개하여 용서받아야 할 것이다. 미래에 대한 불안은 누구나 안고 살아간다. 그렇다고 해서 인간이 만든 우상에게 인간의 운명을 맡긴다는 것은 스스로 멸망의 길을 선택하는 것이다.

하나님이 인간을 다루시는 방법 중 하나는 문제를 만나 그 문제 속에서 하나님을 찾게 만드는 것이다. 인간이 자기가 원하는 것을 이루지 못할 때 인간은 하나님께 반항하게 되어있다. 인간은 언제나 자기중심적이다. 자기 편의를 위해 때로는 하나님의 이름을 이용하기도 한다. 인간의 욕심은 끝이 없다. 자기가 원하는 것들이 이루어져야 행복을 느낀다.

그러나 행복은 자기 조건에 의해 움직여지지 않는다. 요나는 자기가 원하는 삶을 위해 니느웨가 아닌 다시스로 가는 배를 탔다. 사명을 저버리기 위해서다. 인간은 누구나 사명을 가지고 태어났다. 그리스도인은 사명을 가진 자이다. 그리스도인은 자기가 원하는 삶이 아니라 하나님이 원하시는 삶을 살아야 한다. 그것이 하나님께서 우리를 이 땅에 남겨 두신 이유이기도 하다.

인간이 그 사명 따라 살지 않을 때 인생에 문제가 닥친다. 따라서 그 문제는 세상 방법으로 해결할 수 없는 문제이다. 그 문제의 해답은 세상을 창조하신 하나님이 가지고 계신다. 이때 하나님을 구하고 찾는 자가 지혜로운 자이다.

하나님은 인간에게 어느 때가 가장 적절한지를 아신다. 인간을 창조하신 하나님이 인간의 때를 잘 아신다. 그때는 사람마다 다르다. 그래서 하나님의 시간(카이로스)과 인간의 시간(크로노스)이 다른 것이다. 우리는 매일 매일 하나님을 찾아야 한다. 광야에서 보내는 시간은 하나님을 찾을 때 의미가 있는 것이다. 살기 위해 물질을 의지하거나 도울 힘이 없는 인생도 의지하지 말아야 한다. 사실, 육신의 삶은 의식주 문제만 해결되면 된다. 그런데 여기서 놓치지 말아야 할 것이 영적인 문제이다.

> 너희는 먼저 그의 나라와 그의 의를 구하라 그리하면 이 모든 것을 너희에게 더하시리라(마 6:33).

하나님의 나라와 그의 의를 구하면 우리가 처한 모든 문제는 자연히 해결해 주시겠다는 말씀이다. 세상일에도 먼저 할 일과 그 후에 해야 할 일이 있듯이 하나님 나라의 영적인 원리도 이와 같다. 우리 인간이 사는 물질 세계는 영적인 세계의 지배를 받는다.

눈에 보이는 물질적인 세계 안에서 펼쳐지는 문제는 영적인 원리에 의해 해결이 된다. 그것은 하나님의 말씀에 기초한다. 하나님의 말씀은 인간을 조명해 준다. 무엇이 문제이고 어디에서 잘못되었는지 구체적으로 알려 준다.

세상에서 털어서 먼지 안 나는 사람은 없다. 하나님 앞에서는 누구나 죄인이고 고침 받아야 할 존재이다. 정치권을 보더라도 야당과 여당이 서로 정죄하고 판단하고 자기의 주장을 내세운다. 자기를 못 보는 것이다.

인간이 가장 미련할 때가 언제인가?

바로 자기 자신을 못 볼 때다. 나 자신이 누구이고 어떤 존재인지, 이 땅에 우연히 태어난 존재가 아니라 하나님의 창조 목적에 의해 만들어졌다는 인식이 생길 때 인간은 비로서 자기의 사명을 발견하게 되고 그 사명을 위해 살아가는 존귀한 존재가 될 수 있는 것이다.

지금이 하나님을 찾을 때다. 주님의 오심을 예비하는 거룩한 신부들로 준비되어야 한다. 하나님은 우리를 위해 모든 것을 예비하셨다. 우리가 해야 할 일은 하나님을 찾는 일이다. 그래서 하나님은 세월을 아끼라고 하셨다. 인간의 육체는 기껏해야 70, 강건하면 80이라고 했다.

> 우리의 연수가 칠십이요 강건하면 팔십이라도 그 연수의 자랑은 수고와 슬픔뿐이요 신속히 가니 우리가 날아가나이다(시 90:10).

누가 인생의 끝을 알겠는가? …

개인의 종말을 알 수 없는 시점에서 하나님을 찾는 삶만이 영원에 이르게 한다. 마음에 영원을 소유한 자는 삶의 기쁨이 있고 감사가 있다. 그리고 광야에서의 삶이 우리를 더욱 복되고 형통한 길로 인도할 것이다.

언제나 우리의 삶은 똑같이 반복되지 않는다. 어제가 다르고 오늘이 다른 것은 내일을 위한 기약이 있기 때문이고, 오늘 주어질 특별한 은혜가 있기 때문이다.

당신은 무엇을 찾고 있는가? …

썩어 없어질 것들보다 썩지 않을 영원한 면류관과 상급을 위해 찾아야 할 것이다. 하나님을 찾는다는 것은 잃어버린 길을 다시 찾는 것이고 죽었던 것이 다시 살아나는 것이다. 죄로 인해 죽었던 우리의 영이 깨어나는 것이고 무너졌던 영적인 관계가 회복되는 것이 하나님을 찾는 행위인 것이다. 이 땅에 생명 있는 모든 것은 다른 무언가를 찾는다.

인생은 찾아가는 것이다. 왔던 길로 되돌아가는 것이다. 우리 인간은 하나님에게서 와서 하나님께로 가야 할 존재다. 예수 그리스도는 처음이요 마지막 마침이 되셨다. 예수 그리스도를 통해서만이 인간이 안고 있는 심각한 죄와 운명을 바꿀 수 있다. 그리고 예수 그리스도를 통해서만 하나님께로 갈 수 있다(요 14:6).

광야에서 하나님을 찾는 것은 마치 내비게이션이 가야 할 목적지로 인도하는 것과 같다. 시대가 가면 한 시대가 오듯이 시대마다 하나님은 사람을 사용하였다. 모세 시대 때는 모세를 사용하셨고, 아브라함 시대는 아브라함을 사용하셨다.

오늘날에는 당신을 사용하시길 원하신다. 당신을 진정한 능력자로 한 시대 예수의 증인으로 쓰시길 원하신다. 그렇다면 당신은 하나님을 찾되 간절히 찾아야 한다. 육신의 그 어떤 것이 아닌 예수님의 첫사랑을 찾아야 하고, 하나님의 마음을 찾아야 할 것이다. 당신을 향한 아버지의 마음은 크시다.

> 기록된바 하나님이 자기를 사랑하는 자들을 위하여 예비하신 모든 것은 눈으로 보지 못하고 귀로도 듣지 못하고 사람의 마음으로도 생각지 못하였다 함과 같으니라(고전 2:9).

하나님께서 당신을 얼마나 사랑하는지 아는가?

십자가에 아들을 죽이기까지 사랑하셨다.

그 사랑의 깊이와 높이와 넓이를 아는가? …

하늘을 두루마리 삼고 바다를 먹물 삼아도 하나님의 사랑을 측량할 수가 없는 것이다.

그 십자가의 사랑을 구하라!

그리고 그 은혜를 구하라!

이것이 그의 나라와 그의 의를 구하는 것이다. 하나님의 사랑과 능력은 하나님을 찾는 자에게 임한다.

사랑의 영!

순결한 영!

강력한 성령의 불같은 기름 부으심을 이 시대에 하나님은 풀어주시길 원하신다. 시대를 대언할 수 있는 에스겔과 같은 대언의 영을 부으시길 원하신다.

이 시대에 하나님을 찾는 자들이 얼마나 있을까? …

전부 능력을 달라든지, 문제를 해결해 달라는 것뿐이지, 진심으로 예수의 타는 심장을 구하는 자는 많지 않다.

하나님을 찾되 예수의 사랑을 달라고 기도하자!

그 사랑의 영을 받은 자는 시대를 앞서가는 자이고 시대를 예언하는 자이고 예수 그리스도를 위해 기꺼이 순교할 수 있는 자이다.

무엇 때문에 하나님을 찾는가? …

그 동기가 순수하다면 하나님은 우리가 구하지 않은 모든 것을 더하실 것이다.

아버지와의 더 깊은 교제를 위해 구하라!

당신의 삶에 하나님의 거룩한 임재를 사모하라!

자동차가 아무리 좋아도 기름이 없으면 움직일 수 없듯이 하나님을 찾는 행위는 차에 기름을 넣는 것과 같다.

하나님을 찾되 날마다 성령의 은혜를 구하라!

교회의 덕을 세우기 위해 충만한 은사들을 구하라!(고전 14:12)

하나님을 찾는 자에게는 풍성한 삶이 예비되어 있다. 광야에서의 삶은 더욱 그렇다. 하나님은 당신의 삶에 많은 것들을 예비해 놓으셨다. 그것을 믿고 구하고 찾는 것은 당신의 몫이다. 하나님은 당신을 사랑하신다. 그 사랑에 믿음으로 반응해야 한다. 이것이 진정한 신앙이고 하나님을 찾아야 할 이유이다.

하나님을 찾을 때 우리의 삶은 회복이 된다. 하나님의 목적은 심판과 책망이 아니라 회복을 통해 하나님의 선하신 뜻대로 살아가는 것이다. 물론, 하나님의 사랑 안에는 공의와 심판이 전제되어 있지만 심판을 향하신 하나님의 마음이 어떨지 생각을 해 보라!

어찌 자녀를 혼내는 부모가 방관만 하고 있겠는가?

회초리를 든 부모의 마음은 자녀를 향한 사랑에 국한한다.

> 징계는 다 받는 것이거늘 너희에게 없으면 사생자요 친아들이 아니니라 또 우리 육신의 아버지가 우리를 징계하여도 공경하였거든 하물며 모든 영의 아버지께 더욱 복종하며 살려 하지 않겠느냐(히 12:8-9).

하나님을 찾는다는 것은 나를 내려놓고 그분의 영역 안으로 들어가는 것이다. 내 생각과 나의 계획과 나의 감정까지도 모두 그분의 다스림을 받겠다는 순복이다.

우리는 하나님을 찾아야 한다. 완전하지 못한 내 모습과 불완전한 나의 삶을 위해서다. 하나님은 하나님을 찾는 자들에게 완전한 지혜를 예비하고 계신다. 측량할 수 없는 그분의 사랑을 말로 표현할 수 없다. 하나님의 사랑은 그 무엇보다 크다. 우리가 가지고 있는 모든 것보다 하나님이 더 광대하시고 더 귀하다.

사울에게 하나님의 영광이 떠났을 때 그는 비참한 인생이 되고 말았다. 우리의 삶에 하나님의 영광이 떠나면 우리는 껍데기 인생에 불과하다. 마치 바람에 나는 겨와 같다. 인생의 승패는 하나님을 찾느냐 찾지 않느냐에 달려 있다. 지금이 하나님을 찾아야 할 때이다. 개인도, 교회도, 나라도 하나님을 찾아야 한다. 하나님만이 인류 역사의 주관자이시기 때문이다.

하나님을 찾지 않는 자는 가려진 인생을 산다. 하나님을 알지 못하기 때문이다. 하나님을 알지 못하는 자의 삶의 유형은 볼 것을 보지 못한다는 것이다. 그러니 빛을 보지 못하는 삶을 산다. 그리고 들을 것을 정작 듣지 못한다. 말씀을 듣지 못하다 보니 삶의 선택에서 자주 넘어지고 만다.

또한, 알 것을 알지 못한다. 그리스도를 아는 것은 앎의 기초이다. 그리스도를 알지 못하면 삶의 의미를 모른다. 대표적인 사람이 롯이다. 롯은 그 의미가 가려졌다라는 뜻이다. 눈이 가려지고 귀가 가리워지니 막상 들을 귀가 없고 봐야 할 것들을 보지 못하다보니 눈에 보이는 대로 행동하게 되었다.

> 이에 롯이 눈을 들어 요단 지역을 바라본즉 소알까지 온 땅에 물이 넉넉하니 여호와께서 소돔과 고모라를 멸하시기 전이었으므로 여호와의 동산 같고 애굽 땅과 같았더라(창 13:10).

나 자신도 막막한 길에 접어들었을 때 하나님을 찾았다. 하나님은 길이 아닌 곳에 길을 내시는 분이다. 어떠한 환경과 어떠한 상황에서도 하나님을 찾아야 한다. 하나님을 찾으면 길이 보인다. 안되던 일들이 술술 풀린다. 막혔던 것들이 열려지기 시작한다. 전능자의 손은 전능자를 찾는 자에게 임한다. 하나님을 찾는 것은 마치 인생의 수수께끼처럼 숨겨져 있는 보화들을 캐어내는 것과 같다.

잃어버린 것이 무엇인가?

어쩌면 우리는 삶에 진정한 보화이신 예수 그리스도를 잊어버리고 살고 있는지도 모른다. 예수 안에 모든 것이 있다.

하나님을 찾는다는 것은 새로운 삶의 전환을 의미한다. 하나님을 찾는 자에게는 거룩한 생명의 활기가 주어진다. 죽은 물고기는 물에 의해 떠내려가지만, 살아있는 물고기는 거센 물살에도 거슬러 올라간다. 하나님을 찾는 자는 사망과 음부의 권세가 다스리는 이 세상 권세에 순복하지 않고 하나님 말씀에 의해 정복하며 나아간다.

하나님을 찾을 때 나의 잘못된 부분들을 알게 된다. 하지만 하나님을 찾지 않는 인생은 여전히 자기 소견에 옳은 대로 행동하게 된다. 사사 시대와 같이 어둠 속을 헤매는 인생을 살아간다. 하지만 하나님을 찾는 자에게는 모든 것이 부족함이 없다.

이미 예수라는 천국 열쇠를 하나님이 우리에게 주셨다. 따라서 인생의 난관에 처했을 때 예수의 이름으로 해결해야 한다. 그 이름에는 놀라운 권세와 능력이 있다. 하나님을 찾을 때 알 수 없는 크고 비밀한 일을 보이신다(렘 33:3).

특히, 광야의 인생길을 걷는 동안 우리의 눈이 하나님에게서 멀어지면 안 된다. 우리의 눈이 그분을 주시해야 한다. 24시간, 아니 365일, 우리의 삶이 다하는 그날까지 하나님은 당신의 눈에서 우리를 돌리시지 않는다.

> 여인이 어찌 그 젖 먹는 자식을 잊겠으며 자기 태에서 난 아들을 긍휼히 여기지 않겠느냐 그들은 혹시 잊을지라도 나는 너를 잊지 아니할 것이라 내가 너를 내 손바닥에 새겼고 너의 성벽이 항상 내 앞에 있나니(사 49:15-16).

하나님을 찾는 것은 무질서한 나의 삶에 새로운 질서를 부여하는 일이다. 하나님 없는 인생은 죽음뿐이다. 사라에게 쫓겨난 하갈은 광야의 샘물 곁 곧 술 길 샘 곁에서 여호와의 천사를 만나게 된다. 임신한 하갈은 이렇게 말한다.

> 자기에게 이르신 여호와의 이름을 나를 살피시는 하나님이라 하였으니 이는 내가 어떻게 여기서 나를 살피시는 하나님을 뵈었는고 함이라(창 16:13).

하나님은 우리의 인생을 살피시는 분이다. 잘났든 못났든 똑똑하든 똑똑하지 않아도 하나님은 우리의 삶을 살피신다. 그리고 하나님을 보기를 원하신다. 우리가 하나님을 간절히 찾을 때 하나님은 만나 주신다. 저자가 오십 평생의 인생을 살아오면서 하나님은 때로 꿈과 환상으로 그리고 말씀으로 하나님을 나에게 계시하셨다.

하나님은 구하고 찾는 자들에게 하늘의 신령한 은혜와 은사들을 부어 주신다. 그리고 창조하신 만물 안에서 하나님의 지혜이신 그리스도의 비밀을 보게 하신다. 하나님을 찾는 것은 마치 흐트러진 인생의 퍼즐조각을 짜 맞추는 것과 같다.

자기 삶에 아직 완성 되어있지 않은 것들 때문에 낙심돼 있는가?

하나님과 함께 함이 복이다. 형통은 원하는 일들이 술술 풀리는 것이 형통이 아니다. 성경에서 말하는 형통은 하나님이 함께하시는 것이다. 하나님이 함께하시면 고난도 슬픔도 시험도 능히 이길 수 있기 때문이다.

복음의 진정한 가치를 알게 되면 하나님을 찾지 않을 수 없다. 하나님을 찾는 것은 인생에서 잃어버린 것을 되찾는 행위이다. 하나님을 찾을 때 진정 잃어버린 나 자신을 찾을 수 있다. 잃어버린 우리 자신을 찾아야 한다. 그러기 위해서는 하나님을 찾아야 한다. 하나님을 찾지 않으면 우리의 인생의 길도 방향도 알 수 없다. 마치 선장 없이 바다에 표류하는 한 척의 배와 같다.

우리는 잃어버린 하나님의 말씀!

법궤를 찾아야 한다. 그리고 하나님의 약속을 마음에 새겨야 한다. 하나님을 찾는 것은 잃어버리고 살아온 은혜들을 다시 기억하는 것과 같다. 우리의 어두움을 하나님께 가져가야 한다. 우리의 무지와 죄악에서 돌이켜야 한다. 우리의 연약함을 또한 하나님께 가져올 때 우리의 연약함 또한 강하게 되는 것이다.

지금도 얼마나 많은 사람이 소망을 잃어버린 채 살아가고 있는가?

돈이 수단이 되고 돈이 목적이 되고 돈이 신이 되어 살아가고 있다.

> 여호와께서 이스라엘 족속에게 이와 같이 말씀하시기를 너희는 나를 찾으라 그리하면 살리라 벧엘을 찾지 말며 길갈로 들어가지 말며 브엘세바로도 나아가지 말라 길갈은 반드시 사로잡히겠고 벧엘은 비참하게 될 것임이라 하셨나니(암 5:4-5).

하나님 없이 행하고 찾는 것은 무의미하다는 것을 보여 주고 있다. 우리가 무엇을 하든지 하나님과 개입돼 있어야 한다. 어떤 일을 하든지 그 일에 하나님이 섭리하셔야 한다는 것이다. 우리는 하나님의 자녀이기 때문이다. 부모와 자녀의 관계는 상관없는 관계가 아니라 상관있는 관계이다. 영의 부모인 우리 하나님이 자녀인 우리를 지도하시고 책임질 의무가 있으신 것처럼 우리 또한 하나님께 아뢰고 그 말씀에 따라 나아가야 하는 것이다. 그래서 때로는 책망도 필요한 것이다.

> 주께서 그 사랑하시는 자를 징계하시고 그가 받아들이시는 아들마다 채찍질하심이라 하였으니 너희가 참음은 징계를 받기 위함이라 하나님이 아들과 같이 너희를 대우하시나니 어찌 아버지가 징계하지 않는 아들이 있으리요(히 12:6-7).

하나님을 잃어버린 이 시대에 하나님은 진실로 자기를 찾는 자들을 찾고 계신다. 하나님을 찾는 자는 부족함이 없는 인생이다. 하나님이 바로 모든 것의 주가 되시기 때문이다. 하나님을 찾는 가운데 하나님 때문에 기뻐하고 하나님 때문에 살아갈 수 있게 되기를 바란다.

7

나를
사랑하사

하나님은 우리를 사랑하신다. 이 진리는 변함이 없으시다. 그러나 우리가 변화되기를 원하신다. 사랑은 방치해 두는 것이 아니라 끊임없이 우리를 훈련하시고 다듬어서 마침내 천국 백성이 되게 하시는 것이 하나님의 뜻이다. 세상을 변화 시킬 수 있는 사람은 하나님으로부터 훈련받은 자이다. 말씀으로 연단되고 눈물의 기도를 통해 영력을 얻어 마침내 하나님의 온전한 사람으로 거듭나는 것이다.

어릴 적 나의 꿈은 그냥 걱정 없이 가정이 행복한 것이었다. 70년대만 하더라도 집집마다 연탄을 사용하는 가정들이 꽤 많았다. 우리 집도 예외는 아니었다. 어느 날 연탄을 피우고 잠을 잤는데 나를 포함한 가족들이 연탄 가스에 중독돼서 응급실로 실려 가는 일이 있었다. 그런 일이 있고 나서 나는 죽다가 살아난 존재가 되어 버렸다라는 인식이 항상 꼬리표처럼 따라 다녔다.

살면서 많은 아픔과 슬픔 속에서도 하나님은 독생자 아들 예수 그리스도에 대해 상기시켜 주셨다. 하나님이 이처럼 우리를 사랑하셔서 하나님 자신을 우리에게 주신 것이다. 이 위대함을 알아야 한다. 예수 그리스도의 죽으심은 무질서한 인간 세계를 회복시키시고 이 땅에 하나님 나라를 건설하는 것이다.

살아있는 모든 존재는 사랑을 필요로 한다. 사랑받을만한 가치이기에 존재하는 것이다.

그런데 왜 인간에게 고통과 불행이 있는 것인가? …

하나님의 형상대로 지음 받은 인간은 이 땅에서 하나님의 복을 누리도록 창조되었다. 그러나 우리의 삶 속에는 여전히 고난과 고통이 뒤따른다. 전쟁이나 가난이나 질병이나 재앙과 같이 인간 세계에 닥치는 이런 일들은 이유 없이 생기는 고통이 아니다. 이런 고통은 때로는 사람들의 행동과 연관이 있음을 알 수 있다.

그러나 이 같은 고난과 고통은 반드시 나쁜 것은 아니다. 고통 가운데는 하나님이 더 좋은 목적을 위해 허락하시는 고통도 있다. 문제는 죄의 결과로 맞이하게 되는 고통이다. 혹은 마귀가 가져다 주는 고통이다.

인간이 하나님을 반역하고 떠나서 교만하고 자기중심적으로 사는 것은 불행에 빠지게 하는 원인이 된다. 우리는 모든 고통이 전부 불행을 가져오는 것이 아님을 구분할 줄 알아야 한다. 사탄은 고통을 가지고 사람을 멸망으로 끌고 가려고 하지만 하나님은 고통을 통해 하나님의 사람들을 훈련하고 성장시키는 도구로 선하게 쓰신다. 그러므로 그리스도인들은 고통의 문제가 있을 때 하나님의 뜻이 어디에 있는지 잘 깨닫고 대처해야 한다. 그러면 오늘날 우리가 현실적으로 몇 가지 불행이라고 생각하는 문제들을 성경을 통해 알 수 있다.

오늘날과 같이 의료 기술이 크게 발전했는데도 질병으로 인한 고통과 두려움은 오히려 더 커지고 있다. 눈에 보이지도 않을 만큼 작은 바이러스로 인한 전염병은 첨단 과학기술을 자랑하는 오늘날, 전 세계를 공포로 몰아가고 있다. 성경은 질병의 고통이 오히려 죄의 문제와 더 연관성이 깊다는 사실을 말해 주고 있다.

예수님은 천국 복음을 가르치는 동시에 모든 불치병을 다 고쳐주셨다. 우리가 가져야 할 중요한 관심은 예수님을 믿으면 병을 고치느냐보다 우리가 그리스도를 통해 하나님의 통치를 받아들이는 것이다. 그리고 마침내 질병과 두려움 가운데서도 천국의 복음과 구원의 기쁨을 누려야 할 것이다.

과학적으로 생각해 보면, 질병은 면역력이 약해질 때 생긴다. 면역력 강화를 위해 가장 좋은 약은 항상 기뻐하는 마음이다. 이 큰 기쁨을 생산하는 공장은 사랑이다. 무한한 사랑의 원천은 하나님이시다. 질병으로 말미암는 고통의 역사는 인간이 죄를 짓고 하나님을 떠나면서부터 시작된 것이다.

인간은 행복과 불행을 소유의 많고 적음에서 생각하는 경향이 있다. 인간의 불행은 하나님보다 물질을 더 사랑하는 데서 시작된다. 이 땅에서 육신을 입고 살아가는 인간에게 돈은 필요하다. 다만 무엇을 삶의 우선순위로 삼을 것인지가 중요하다. 가장 중요하게 생각하고 가장 사랑하는 것이 인생을 지배한다. 돈이 나를 지배하게 될 때 인간은 불행해진다. 인간의 욕심은 끝이 없다.

창세기 3장에 나오는 선악과 이야기는 인간이 선악의 기준이 되겠다는 교만과 욕심으로 하나님께 도전하며 하나님과의 관계를 깨뜨린 사건이기도 하다. 관계의 가장 좋은 상태가 바로 사랑이다. 인간은 사랑의 원천이신 하나님을 떠나면서 참된 사랑의 능력을 잃어버렸다. 관계로 인한 문제는 인간이 '하나님 중심'에서 '자기중심'으로 타락하면서 생긴 문제이다. 죄의 본성은 사랑과 겸손 대신 교만과 욕심과 관련이 깊다. 그러므로 우리가 다시 겸손해져서 하나님과의 관계가 회복되어야 할 것이다. 하나님과의 관계가 회복되어야 사람들과의 관계도 회복이 된다.

　예수님은 하나님의 본체시나 하나님과 동등 됨을 취할 것으로 여기지 않고 오히려 자기를 비워 종의 형체를 가지고 이 땅에 오셨다. 그리고 사람들과 같이 되어 자기를 낮추시고 죽기까지 복종하심으로 완전한 겸손을 이루셨다(빌 2:6-8). 이것이 우리를 사랑하시는 하나님의 이유가 되는 것이다.

　이러한 예수님을 나의 주님으로 모시고 예수님의 겸손이 나의 삶에 나타나게 하는 것이 바로 관계 문제의 해답이다. 광야와 같은 세상에서 하나님은 나를 사랑하사 많은 것을 주셨다. 인간이 안고 있는 불행과 고통과 운명과 사주와 팔자를 우리 예수님이 해결하셨다. 그러나 하나님과의 관계 문제가 잘못되면 인간은 불행해지기 시작하는 것이다.

　한 시대를 풍미했던 할리우드 여배우 마릴린 먼로는 세월이 지나고 시간이 흘러도 여전히 많은 사람의 기억 속에 남아 있다. 그러나 누구보다 행복할 것만 같았던 마릴린 먼로는 화려한 모습과는 다르게 수면제 없이는 잠을 이룰 수가 없었다. 그녀는 당대 최고의 스타였지만 결국 우울증과 외로움에 시달리다 허무한 일생을 마쳤다.

　사람들은 행복하기를 바란다. 그러나 그 행복의 출처를 알지 못한다. 대부분의 많은 사람이 행복을 내가 가진 배경이나 물질에서 찾는 경향이 있다. 그러나 제아무리 좋은 것, 다른 사람이 부러워할 만한 것을 소유했다고 하더라도 하나님을 떠난 사람에게는 만족함이 없고 삶에 참된 기쁨과 영광 또한 없다.

　영원하고 참된 가치와 영광은 인간에게 있지 않고 오직 하나님께만 있다. 하나님이 인간을 창조하신 목적은 인간의 삶을 통해 하나님의 영광이 드러나는 것이다. 내 삶을 통해 하나님의 영광이 드러나게 될 때 나 자신도 그 영광을 누리게 된다.

 영광의 하나님은 무한히 아름답고 행하시는 부분에 있어서 완전하신 분이다. 하나님은 사랑이시다. 그 하나님으로 말미암는 기쁨을 누리는 삶이 참 행복이다.

 당신의 삶이 사람들에게 도움이 되고 기쁨을 주는 삶인가?

 당신의 삶이 과연 하나님께서 보시기에 기뻐하시는 삶인가?

 하나님과 이웃을 사랑하는 삶이 그리스도께서 보여 주신 모범적인 삶이고 우리가 본받아 누릴 영광스러운 가치가 있는 삶이다. 죄로 인해 영이 죽은 상태에서는 이러한 삶이 불가능하다. 흔히, 사람들은 불행과 고통의 문제가 생기면 '누구 때문에', '무엇 때문에'라고 하며 그 원인을 외부에서 찾는다.

 그러나 그것은 어리석은 생각이다. 인간은 하나님과 사랑의 관계 안에서 함께 사는 기쁨을 누리도록 창조된 존재였지만, 인간이 죄를 짓고 하나님을 떠나게 되면서 고통이 시작됐다. 사탄의 유혹으로 하나님을 떠나 죄에 빠져든 것이 불행의 출발점이며 본질이다.

 죄의 본성은 교만과 탐욕이다. 죄는 모든 관계를 파괴한다. 그러므로 하나님과의 관계뿐만 아니라 다른 주위의 모든 존재와 심지어는 자기 자신과도 충돌하며 고통을 만들어낸다. 주위의 모든 존재가 나의 행복을 위해 존재하지 않는다. 그러기에 내가 원망할 자격도, 이유도 없지만 세상을 향해 원망하고 비난하며 분노를 쏟아낸다. 결국 내가 겪는 고통과 불행의 뿌리는 내 안에 깊이 박혀있는 '죄'의 본성으로 비롯된 것이다.

 요한복음 5:5에 38년 된 병자가 나온다. 이 38년은 이스라엘 백성들이 광야에서 방황한 시기를 상기하게 한다. 하나님을 떠난 인간의 대표성을 말해 주고 있고, 영적으로 방황하는 인생임을 보여 주고 있다. 하나님을 떠나 38년 동안 방황하던 인생에게 찾아오셔서 구원을 베푸신 주님은 지금도 우리의 삶에 찾아오셔서 당신의 사랑을 계시하신다. '바로 당신을 사랑하시기 때문이다.' 그 사랑의 가치를 아는 자는 주님을 위해 살아갈 수 있게 된다. 인간의 정체성과 가치관이 바뀌는 것이 구원의 시작이다.

그래서 인간은 자유 의지를 통해 하나님과의 인격적 관계를 형성해 간다. 하나님은 인간을 로봇으로 만들지 않으셨다. 인격을 가진 자유 의지를 가진 존재로 창조하셨다. 그래서 선악과를 통해 하나님은 창조주이시고 인간은 피조물이라는 것을 알게 하셨다.

선악과는 하나님의 주권적인 영역이다. 선악과는 하나님께서 에덴동산 가운데 두신 특별한 두 나무 중의 하나로, "선악과", "지식의 나무" 혹은 "선악 지식의 나무"라 일컬어진다. 이는 좋은 것과 나쁜 것, 옳은 것과 그른 것을 판단할 수 있게 하는 나무요, 선과 악을 아는 지식을 가지게 하는 나무로 볼 수 있다. 여기서 "선과 악을 아는 지식"이란 인간의 독자적인 도덕적 판단 능력을 가리킨다.

즉, 무엇을 하거나 하지 말아야 할 것을 인간 스스로 결정하는 힘, 하나님과의 관계를 무시하고 인간 스스로 자기중심적인 독단적인 판단과 결정을 하는 능력을 말한다. 이는 인간이 에덴동산에서 추방되기 전에 하나님께서 이렇게 평가하신 것을 통해 알게 된다.

> 보라 이 사람이 선악을 아는 일에 우리 중 하나같이 되었으니 …
> (창 3:22).

아무튼, 하나님은 아담에게 "동산 각종 나무의 열매는 네가 의의로 먹되 선악을 알게 하는 나무의 열매는 먹지 말라 네가 먹는 날에는 반드시 죽으리라"고 경고하셨다.

그럼에도 아담과 하와는 그 실과를 먹고 말았다. 실로 하나님의 명령에 순종하는 것이 선이고, 거스르고 불순종하는 것이 죄다. 이러한 죄의 결과로 인간은 죽음과 또 죽음으로 결과 되는 고통과 두려움의 지배를 받게 된 것이다(롬 5:12). 하나님께서 이 선악과를 주신 것은 인간으로 죄짓게 하기 위해서가 아니다.

선악을 알게 하는 나무는, 인간을 맹목적인 존재가 아니라 스스로 생각하고 판단하며 결정할 수 있고 책임 있는 그러면서도 자유의지를 가진 인격적인 존재로 만드셨음을 확인하는 한 방편이며, 순종과 불순종에 따르는 결과를 스스로 택하게 하시는 하나님과 인간 사이에 맺은 언약의 가시적 형태였다고 할 수 있다.

불완전한 우리 인간을 사랑하셔서 기꺼이 희생 제물이 되어 주신 예수 그리스도!!

우리를 사랑하시는 하나님은 변함이 없으시다. 우리를 사랑하시기 때문에 자신을 주실 수 있었던 것이다. 죄의 대가는 희생이 따른다. 바로 예수 그리스도께서 나와 당신의 희생양이 되셨다. 그 대가는 무엇으로도 환산할 수 없다. 예수 그리스도께서 고귀한 당신 자신을 우리를 위해 희생하신 것처럼 우리도 희생의 삶을 살아야 할 것이다. 그것은 하나님을 사랑하고 이웃을 내 몸처럼 사랑하는 것이다.

사랑은 죄를 미워한다. 죄는 또한 사랑을 미워한다. 사랑은 인간 존재의 완성이다. 예수 그리스도께서 인간이 이룰 수 없는 율법을 십자가 은혜로 완성하셨다. 이제는 그를 믿는 자는 율법에서 해방되어 은혜 가운데 자유하게 되었다. 바로 나와 당신을 위해서다. 지금도 그 사랑은 계속 당신에게 흐르고 있다. 하나님이 당신을 사랑하는 것만큼 행복하고 건강해야 할 이유가 있는 것이다.

그리고 그 사랑 안에서 성장해 가야 한다. 세상에서 누리는 행복과 가치는 비교할 수 없을 만큼 하나님의 사랑은 당신으로 하여금 누리고도 남음이 있는 풍성한 삶을 살게 한다. 당신을 향해 베푸신 하나님의 사랑은 무한하다. 그리고 그 사랑은 천국에 이르기까지 계속될 것이다.

그 사랑을 거절하지 말라!

그 사랑을 입은 자는 그 사랑을 본받게 되어 있다. 귀신 들려 예수님으로부터 고침 받은 막달라 마리아는 귀한 향유 옥합을 주님 발 앞에 깨트릴 수 있었다. 바로 은혜를 입었기 때문이다. 은혜를 입은 자가 헌신할 수 있는 것이다.

사랑은 이처럼 위대한 것이다. 죽음보다 강한 사랑은 없다. 사랑하기 때문에 죽는 것이다. 예수 그리스도께서 죽으심은 이처럼 우리를 사랑하시기 때문이다. 사랑에는 조건이 있을 수 없다. 값없이 부으시는 하나님의 은혜이다. 최후의 승리는 반드시 사랑을 통해 완성될 것이다. 우리의 생명이 다하는 그날까지 사랑의 빚진 자로 오직 하나님이신 예수 그리스도를 위해 살아갈 수 있기를 소망해 본다.

하나님께서 당신을 사랑한다는 것에 자부심을 가져야 한다. 그 사랑은 돈으로 환산할 수 없는 것이다. 사랑하는 사람에게는 뭔가 주고 싶어지는 것이다. 하나님이 당신을 사랑하시기 때문에 독생자(예수)를 주셨다. 그것은 영생을 위한 일이다. 그 사랑이 얼마나 큰지 하늘을 두루마리 삼고 바다를 먹물 삼아도 그 사랑을 측량할 수 없다. 당신이 얼마나 하나님으로부터 사랑을 받고 있는지 십자가를 통해 알 수 있다.

십자가에서 흘리신 그 피!

그 피가 지금도 당신의 삶에 흐르고 있음을 확신해야 한다. 그리고 그 피가 당신의 생애를 덮고 있다. 그 피를 날마다 의지해야 한다. 그 피를 삶에 적용해야 한다. 그 피의 권세는 유효 기간이 없다.

당신의 입술로 그 피를 선포하라!

바르고, 덮고 뿌려라!

그것이 하나님께서 당신을 사랑하고 있다는 증거이다. 그 피는 우리의 모든 허물을 덮고 저주를 축복으로 바꾸신다. 그 피가 뿌려진 곳에 성령께서 역사 하신다. 하나님의 말씀 66권은 온통 피에 적셔져 있다.

> 또 그가 피 뿌린 옷을 입었는데 그 이름은 하나님의 말씀이라 칭하더라(계 19:13).

예수님은 피 뿌린 옷을 입으셨다. 그 말은 곧 예수님께서 하나님의 말씀이라는 것이다(요 1:14). 나를 사랑하시는 그 사랑으로 광야의 길을 걸어가야만 한다. 광야에는 불 뱀과 전갈이 있다. 끊임없이 죽이고 도적질하고 멸망시키러 다가오는 간교한 영적인 세력에 맞서 싸울 준비가 되어 있어야 한다.

사탄의 역사는 아주 간교하다. 목회하다 보니 사탄의 역사가 아주 치밀함을 알게 된다. 사탄의 역사가 간교한 만큼 하나님의 전신갑주를 입어야 할 때다(엡 6:10-18). 그리고 성령 안에서 늘 깨어 기도해야 한다. 사탄은 기도하는 자를 두려워한다. 하나님이 당신을 사랑하신 것처럼 당신은 기도해야 한다. 기도는 그리스도인들의 의무이고 사명이다. 기도가 죽었다는 것은 하나님의 부재 현상이다. 기도가 막히면 인생은 막히게 된다.

하나님의 사랑을 받은 자녀같이 모든 행실에 하나님을 본받는 자가 되어야 한다. 사랑은 어느 한쪽만 치우쳐서는 안 된다. 사랑은 관계성이다. 하나님이 조건 없이 우리를 사랑하신 것처럼 우리 또한 그 사랑에 반응해야 한다. 무엇을 드리기보다 우리 자신을 온전히 하나님께 드려야 한다. 온전히 드린 자는 자기의 소유가 없다. 그냥 부르신 자의 의도에 따라 움직일 뿐이다. 거기에는 불평도 있을 수 없다. 무조건 감사뿐이다.

혹시 당신이 고난 중에 있다면 그것은 당신을 사랑한다는 표시이다. 고난이 좋은 사람은 없을 것이다. 하지만 고난 중에 하나님을 더욱 알게 되고 하나님의 의도를 알게 된다.

> 고난 당하기 전에는 내가 그릇 행하였더니 이제는 주의 말씀을 지키나이다(시 119:67).

> 고난 당한 것이 내게 유익이라 이로 말미암아 내가 주의 율례들을 배우게 되었나이다(시 119:71).

예수 그리스도와 상관없는 자가 되어서는 안 된다. 이 말의 뜻은 예수님께서 고난을 받으셨기 때문에 나는 고난을 안 받아도 되는 것이 아니라 거기에 동참함으로 우리 자신 때문에 고난 당하신 그 의도와 뜻을 알아야 한다는 것이다.

> 너는 그리스도 예수의 좋은 병사로 나와 함께 고난을 받으라 병사로 복무하는 자는 자기 생활에 얽매이는 자가 하나도 없나니 이는 병사로 모집한 자를 기쁘게 하려 함이라(딤후 2:3-4).

하나님이 우리를 사랑하신 것처럼 우리는 생활에 얽매임이 없이 우리를 부르신 하나님을 기쁘시게 하는 삶을 살아야 한다. 그 기뻐하는 삶은 날마다 자신을 부인하는 것이다. 그리고 자신을 그리스도께 복종시키는 것이다. 이것이 가나안 정복의 비결이고 승리하는 삶의 비결이다.

모세는 그토록 들어가고 싶었던 가나안 땅(약속의 땅)에 입성하지 못하고 요단 동편에서 죽은 이유는 율법을 대표해서 모세가 같이 죽어 버렸다는 사실이다. 모세가 살아서 가나안 땅에 들어갔더라면 광야에서 죽은 자들은 율법을 대표한 모세로 정죄를 받았을 것이다. 그러나 모세가 그중의 하나가 되는 대표로써 즉, 율법으로 심판받아야 하는 모든 죗값으로 죽음을 통해 그 백성 이스라엘 전체가 구원을 받을 수밖에 없음을 시사한다.

모형과 실체이기도 하다(롬 5:14-21). 모세는 이스라엘의 대표자로써 이스라엘의 죄 앞에 40년을 동고동락하며 죄악을 감당하며 수고와 슬픔을 감당한 것이다. 이처럼 예수 그리스도께서도 구속의 경륜을 이루신 것이다.

인간을 사랑하시는 하나님의 사랑은 절대 진리이다. 그 사랑은 변함이 없으시다. 우리는 구약이나 신약에서 예수 그리스도의 전폭적인 사랑을 보게 된다. 예수 그리스도는 처음과 나중 되시며 영원이 되신다. 그 영원하신 분이 영원하지 않은 인간사에 오셔서 말씀으로 모든 상황을 바꾸셨다.

예수 그리스도를 깊이 묵상하라!

그 안에는 모든 부요와 충만함이 있다. 예수 그리스도는 고귀한 분이다. 우리가 가지고 있는 모든 소유와는 비교가 안 되시는 분이다. 그분이 우리를 위해 기꺼이 죽으셨다. 그리고 부활하셨다.

또한, 다시 오실 것이다. 우리가 살아 있다는 것 자체가 그분의 사랑을 받고 있다는 증거이다.

이단에서는 십자가를 우상이라고 치부한다. 그러나 십자가를 통해 우리는 예수와 함께 죽은 것을 알게 된다. 십자가는 하나님의 아픔이요, 하나님의 마음이다. 그들이 말하는 우상이 아니라 십자가를 통해 우리는 생명을 이식 받았다. 그 십자가에서 흘리신 피로 죄와 허물로 죽은 우리를 살리셨고 지금도 우리는 그 피를 이식받고 있는 것이다.

십자가를 단순하게 생각지 말라. 십자가의 고난이 없이는 누구든 하나님과 상관이 없는 자이다. 십자가의 고난이 있기에 우리에게 부활의 기쁨이 있는 것이다. 우리가 숨 쉬고 호흡하는 모든 것들이 값없이 주어진 하나님의 선물임을 알아야 한다. 시장의 먹을 과일과 음식들, 심지어 살아가는 모든 순간이 하나님의 은혜임을 알아야 한다.

우리를 그리스도 안에 머무르게 하기 위한 하나님의 발걸음은 분주하시기만 하다. 그분은 오늘도 내일도 우리를 위해 일을 하신다. 지금도 구원 얻을 후사들을 찾고 계신다. 하나님께서 당신을 사랑하신 것처럼 이제는 잃어버린 영혼을 찾아 나설 때이다.

예수 그리스도의 흔적을 가진 자여!
일어나 빛을 발하라!
여호와의 영광이 네 위에 임하였음이니라!

당신을 통해 영광 받으실 하나님은 지금도 당신의 삶에 아름다운 축복의 후속 작품을 남기시기 위해 일하고 계신다.

8
주를 위한 헌신

세상에는 두 부류의 사람이 있다.

하나는 세상의 기준으로 살아가는 사람과 성경인 하나님의 말씀을 기준으로 살아가는 사람이다. 상식이 기준이 되고 상식이 일상화된 세상 속에서 진정한 그리스도인은 세상 상식을 뛰어넘어 세상 가치관이 아닌 성경적 가치관으로 살아간다. 상식이 통해야 인정받는 세상에서 상식을 넘어선 사람들이 그리스도인이기에 자연히 고난과 핍박은 자연스러운 일이 되었다.

세상에 미쳐 세상일에 모든 것을 헌신하면서도 마음은 항상 공허한 이유가 무엇일까?

사람의 가치는 세상에 있지 않다. 세상에서 가장 귀한 것은 예수를 발견하는 것이다.

사랑받을 수 없는 자가 사랑을 받게 되었고 용서받을 수 없는 자가 용서를 받았다는 것만으로도 얼마나 기쁜 일인가? …

주님을 위해 헌신한 여인은 자기의 가장 귀한 옥합을 깨뜨렸다(마 4:3-9.) 하나님을 만난 인생은 하나님께 헌신한다. 그 헌신은 가장 귀하고 가장 값비싼 것이다. 자기 자신보다 더 소중한 것을 발견했기에 자기 자신을 기꺼이 주님 앞에 드릴 수 있는 것이다.

현대 교회의 문제점이 무엇인가? …

바로 사랑의 결핍이다. 교회는 사랑이 있는 곳이다. 사랑이 없는 교회는 이미 죽은 곳이다. 예수의 사랑으로 넘쳐나는 이들이 모일 때 거룩하신 하나님에게 자기를 드릴 수 있는 것이다. 나의 것을 아낌없이 주님을 위해 드릴 수 있다는 것은 인생의 주인이 누구인지를 알기 때문이다. 당신이 만약 은혜를 입었다면 사랑의 빚진 자로 살아가야 한다. 그것은 영혼을 위해 당신을 희생하는 것이다.

세상은 나 혼자 살아갈 수 있는 곳이 아니다. 부딪히고 나누며 끊임없는 갈등과 용서의 교제 속에 살아가는 곳이 세상살이이다. 세상은 믿는 자를 이해하지 못한다. 오히려 믿는 자들이 세상을 이해하고 주님의 사랑으로 다가가야 한다. 은혜는 우리로 하여금 하나님께 헌신하게 한다. 남들의 이목에는 가치 없고, 형편없어도 하나님 보시기에는 가장 가치 있고 가장 소중한 것이 될 수 있다.

우리의 헌신은 세상을 살리는 도구가 된다. 예수님의 죽음의 헌신이 온 인류를 구원했듯이 한 사람의 헌신이 개인과 공동체에 많은 열매를 낳게 한다. 헌신도 하나님이 주셔야 할 수 있다. 교회 안에는 다양한 사람이 있다. 자기의 이익을 도모하며 유익이 안 되면 헌신하지 않는 이들이 있고, 자기의 유익과는 상관없이 주님을 위해 값지게 헌신하는 이들이 있다.

이 땅에서의 삶이 전부가 아닌 하늘에 소망을 두고 자기에게 있는 모든 소유물을 주님의 나라와 그의 의를 위해 헌신하는 자들이다. 청지기의 삶이란 나의 비움이다.

우리의 육체가 다하는 그날까지 하나님께서 맡겨 주신 시간과 물질과 몸을 지혜롭게 그분의 뜻대로 사용하는 것이다. 세상에서 없는 것을 있는 것처럼 살아가는 이들이 바로 주님을 위해 헌신한 자들이다. 그들의 삶에는 항상 부족함이 없다.

육신의 부족함은 있을지라도 하나님이 목자가 되어 주시기에 모든 일들을 기쁨으로 감당할 수 있는 것이다. 나에게 있는 것을 누군가를 위해 희생하고 헌신한다는 것은 이 땅에서 가장 아름다운 일이다. 사리사욕과 욕심에 붙잡혀 살아가는 이 땅의 모든 사람에게 복음의 가치는 그야말로 대단한 것이다.

끝없이 가지려는 욕심과 욕망이 인간의 중심에 자리 잡고 있다.

현대인의 문제점이 무엇인가?

있는 것이 감사할 줄 모른다는 것이다. 살아가면서 인간은 창조주 하나님으로부터 많은 혜택을 누리며 살아가고 있다. 공기와 바람, 물과 과일 … 등 이것은 인간이 스스로 만들어 낼 수 없는 하나님 고유의 창조 영역이기도 하다. 창조된 것들 속에서 인간은 누릴 뿐이다.

그런데도 인간은 교만하여 있는 것에 만족할 줄 모르고 불평한다. 가난 속에서도 마음이 비뚤어지지 않고 하나님을 바라보는 자들이 있다.

가난 가운데 있는가?

오히려 하나님으로부터 공급 받을 수 있는 기회임을 알고 헌신해 보시라고 권면 드리고 싶다. 나중 된 자가 처음 되고 처음 된 자가 나중 되는 법이다 (마 20:16).

하나님으로부터 사랑을 입은 자가 하나님께 헌신하게 되어 있다.

하나님의 사랑을 의심하지 말라!

그 사랑은 십자가를 통해 알 수 있다.

그리고 그 십자가의 사랑은 당신을 위한 사랑임을 잊지 말라!

그 사랑은 지금도 당신의 삶에 흐르고 있다.

지금 이 시간 하나님 앞에 당신의 전 삶을 드려라!

그러면 하나님이 반드시 책임져 주시는 인생을 살게 될 것이고 하나님의 놀라우신 역사들이 당신의 인격과 삶을 통해 이루어질 것이다. 헌신은 기적의 시작이다. 우리의 삶은 하나님의 기적들로 가득 차 있다. 기적은 헌신하는 자들에게만 허락된다.

구원은 예수 그리스도를 믿음으로 받지만 축복은 반드시 우리의 행함을 통해 열매맺게 되어있다. 많은 그리스도인이 복을 받기를 원하지만 복 받기 위해 자신을 희생하거나 헌신하지 않으려고 한다. 예수님의 사랑을 깊이 체험한 자만이 헌신의 의미를 알 수 있고 마리아와 같이 자기 옥합을 깨뜨릴 수 있는 것이다.

하나님의 의로운 손은 진실로 자기를 경외하는 자에게 펼쳐진다.

나 자신을 드리는 삶이 헌신된 삶이다. 억지가 아닌 받은 은혜와 성령의 감동하에 스스로 하나님께 제물 되는 삶만이 자기를 죽은 자 가운데서 다시 살리심을 마음에 믿는 자이다. 헌신은 아름다운 것이다. 특히, 하나님 앞에서 우리의 헌신은 하나님의 감동을 살 수 있다. 하나님 나라의 주인공은 자신을 드려 헌신한 사람이다.

마태복음 20:20에 세베대의 어머니가 두 아들을 데리고 예수님께 와서 자기의 두 아들을 하나는 주의 우편에 하나는 주의 좌편에 앉게 해 달라고 간구한다. 예수님은 주님 옆에 앉는 문제는 아버지께서 예비하셨기 때문에 주의 뜻대로 행하는 자가 앉을 것이라고 말씀하셨다. 이 땅에서의 영광된 자리가 있는가 하면 하나님 나라에서도 가히 영광중에 영광된 자리가 있다. 그 영광된 자리에 앉기 위해 우리는 하나님의 뜻을 알아야 한다.

하나님의 뜻을 이루는 자가 그 영광된 자리를 차지할 것이다. 나를 버리는 훈련(막 8:34), 주님을 부인하지 않고 고난 가운데에서도 기꺼이 남은 육체에 그 고난을 채우는 삶(골 1:24)이 영광에 이르는 길이다. 헌신은 평범한 삶에서의 훈련을 통해 이루어진다.

자기를 부인한 만큼 하나님께 드려지게 된다.

어제보다는 오늘이, 오늘보다는 더 나은 내일을 원하는가?

바로 하나님께 당신의 삶을 드리기를 바란다. 하나님 앞에서 공짜는 없다. 대가 지불이라는 것이 있다. 예수님은 인간을 구원하기 위해 당신 자신이 기꺼이 희생 제물이 되셨다. 생명은 피에 있으므로 피를 통한 대가 지불을 통해 인간에게 죄사함의 길을 열어 주신 것이다. 하나님은 우리에게 대가 지불을 보신다. 사랑하는 만큼 마음과 행동이 가기 마련이다.

그러므로 헌신은 과장이나 형식이 될 수 없는 것이다. 무너진 삶에 하나님은 새로운 삶을 부여하신다. 하나님은 우리에게 진실한 헌신을 원하신다. 엘리야는 백성을 향하여 내게로 가까이 나아오라고 말한다. 그리고 무너진 여호와의 단을 수축하라고 명령한다. 당신의 삶에 무너져서 회복될 수 없는 그 무언가가 있다면 하나님 앞에 나아가 무너진 단을 수축할 때이다.

예배가 무너졌다면 예배의 단을 수축해야 한다. 기도의 단이 무너졌다면 기도의 단을 수축해야만 한다. 봉사의 단이 무너졌다면 충성할 수 있도록 마음을 수축해야 한다. 이 모든 것들은 진정한 헌신을 통해 수축되어진다. 우상숭배로 가득 찬 이스라엘 백성들의 마음과 삶에 여호와의 단이 무너진 것이다. 여호와의 단이 무너졌다는 것은 하나님 백성으로서의 정체성이 상실되었다는 것이고 하나님과의 영적인 교제가 단절되었음을 의미한다.

예수를 믿어도 좀처럼 삶에 풀리지 않는 문제들이 있곤 하다.

그 해결은 열왕기상 18:32-34에 나와 있다. 하나님의 이름을 의지하여 돌로 제단을 쌓고 제단을 돌아가며 곡식 종자 두 세아를 둘 만한 도랑을 만드는 것이다. 이 행위는 철저히 머릿돌 되시는 예수 그리스도의 이름으로 행하는 것이다. 도랑은 물이 잘 흐르게끔 만들어야 한다. 바로 물은 정결 예식과 관련된다. 그리고 이 모든 행위들은 새로운 하나님께 대한 신앙고백이기도 하다.

진정한 믿음은 진정한 헌신을 수반한다. 진정한 믿음이 없는 한 진정한 헌신은 이루어질 수 없다. 예수 그리스도의 십자가 죽음은 믿는 이들로 하여금 헌신을 요구하게 한다. 성령께서 이끄시는 삶은 우리로 하여금 십자가의 좁은 길을 걷도록 만든다. 복음의 가치를 아는 자는 헌신을 통해 하나님의 마음을 이끌어 낸다. 하나님은 우리의 마음을 먼저 연단하신다. 그 이유는 그리스도를 닮게 하기 위함이다.

각자의 성품과 자라온 배경 속에 굳어져 버린 겉 사람의 마음은 세상 그 어떤 것들로도 바꿀 수 없다. 오직 하나님의 말씀으로만 가능하다. 오직 말씀으로 연단 받은 자만이 선악을 분별하여 장성한 자가 될 수 있는 것이다.

> 단단한 음식은 장성한 자의 것이니 그들은 지각을 사용함으로 연단을 받아 선악을 분별하는 자들이니라(히 5:14).

지금이 그리스도를 위해 진정한 헌신자가 필요할 때다. 우리 각자가 진정한 헌신의 의미를 알고 예수 그리스도를 위해 순교적인 신앙으로 다시 태어날 수 있기를 바란다. 아무나 헌신할 수 있는 것은 아니다. 은혜를 입은 자가 헌신하게 되어 있다.

은혜에는 묘한 힘이 깃들어 있다. 억지로가 아닌 자발적으로, 주를 사랑하는 마음으로 나아가게 된다. 은혜는 사람을 변화시킨다. 주님을 위해 헌신한다는 것은 참으로 아름다운 일이다.

헌신하기 전에 하나님의 은혜를 사모하라!

사모하는 마음에 은혜가 부어질 것이다. 하나님이 부으시는 은혜는 조건이 없다. 하지만 주님을 사랑하는 자에게는 더 큰 은혜가 기다리고 있다. 은혜를 입은 자가 주님을 사랑할 수 있고 헌신하게 되어 있다. 무조건 헌신을 강요하는 것은 오히려 시험에 들기 마련이다.

예수님의 제자가 자기 목숨을 희생할 수 있었던 것은 하나님의 은혜가 주어졌기 때문이다. 은혜를 입은 자가 큰일을 할 수 있는 것이고 헌신할 수 있는 것이다. 우리 안에 주님을 향한 사랑이 결여되어 있다면 은혜를 입을 때고 구해야 할 때이다.

> 보라 지금은 은혜 받을 만한 때요 보라 지금은 구원의 날이로다
> (고후 5:2).

누가 주를 위해 갈 것이며 누가 주를 위해 일어날 것인가?

이사야는 하나님의 부르심 앞에 사명의 인식을 깨닫고 반응했다. 막달라 마리아는 은혜를 입고 귀한 향유 옥합을 깨뜨릴 수 있었다. 모세는 떨기나무 불꽃 가운데서 자신의 소명을 확인하였다. 다윗은 목동이었지만 주어진 현실에서 주의 일을 위해 최선을 다했다. 그야말로 나중을 위해 현실을 준비한 자이다.

하나님은 우리를 고쳐 사용하신다. 더럽고 추한 그릇이 깨끗함을 입어 정결케 되게 하는 것 또한 하나님이 하시는 거룩한 일이기도 하다. 하나님의 거룩한 계획하심 속에는 그분의 선하심과 자비하심

이 있다. 결국, 하나님 나라의 거룩한 백성으로서 하나님 나라의 본질적 삶을 이 땅에서 추구하기 위한 것이다.

예수 그리스도의 죽으심에는 거룩한 하나님의 마음과 뜻이 담겨져 있다. 그 피에 우리의 영적인 감각이 살아나야 한다. 그리고 그 피에 반응을 해야 한다. 그것이 죄인 된 우리를 부르시는 하나님의 초청이기도 하다.

값없이 받은 은혜!

주님을 위해 헌신할 때다. 하나님은 당신을 부르셨다. 사랑은 진실한 헌신을 요구한다. 그 거룩한 부르심 앞에 당신이 헌신한다면 하나님은 당신을 통해 큰 역사를 이루어 가실 것이다. 헌신한다는 것은 인간에게 있어서 가장 고귀한 행동이다.

무엇을 위해 헌신할 것인가?

우리는 다만 주어진 삶에 충실할 뿐이다. 하지만 당신이 기억해야 할 것이 있다. 헌신은 나의 노력과 힘으로 되는 것만이 아니라는 사실을 …. 진정한 헌신은 위대한 사랑을 통해 생겨나는 법이다. 예수님은 십자가를 통해 위대한 헌신을 나타내 보이셨다. 십자가의 사랑을 경험한 자만이 위대한 헌신을 할 수 있다.

위대한 헌신은 이 땅의 생명을 낳는다. 죽어 가는 곳에 생명의 불씨가 일어나고 메마른 땅에 샘물이 솟아나는 것과 같다. 성령이 역사하는 곳에는 언제나 생명의 역사가 일어난다.

헌신(devotion)은 히브리어로 '헤렘'이라고 하며, 동사는 '헤헤렘' 이라고 하는데, 이 말은 원래 '바쳐진 것'을 의미하며 '경건함', '배척', '금기' 등의 개념과 관련된다.

레위기 27:28-29에는 이렇게 말씀한다.

> 어떤 사람이 자기 소유 중에서 오직 여호와께 온전히 바친 모든 것은 사람이든지 가축이든지 기업의 밭이든지 팔지도 못하고 무르지도 못하나니 바친 것은 다 여호와께 지극히 거룩함이며 온전히 바쳐진 그 사람은 다시 무르지 못하나니 반드시 죽일지니라(레 27:28-29).

이는 하나님께 바쳐진 사람이나 물건은 개인이 사용할 수 없다는 것인데, 그 이유는 바쳐진 모든 것은 하나님께 대해 매우 거룩한 것이기 때문이라는 것이다. 따라서 이 말은 일상적인 것을 나타내는 데는 사용할 수 없었다. 헤렘의 구약성경의 의미는 수평적 관계, 즉 인간과 인간, 혹은 인간과 자연의 관계에서는 전혀 쓰이지 않고 있다. 이 말은 전적으로 하나님과 인간의 수직적 관계에 해당하는 말이다.

다시 말해서 하나님께 인간이 무언가를 헌납함으로써 그 관계가 회복, 혹은 유지가 되며 그 헌납되어야 하는 제물은 복수적인 성격으로 약한 것, 적군, 이방인 혹은 자연물이 그 대부분이었음을 알 수 있다. 그러나 신약에 와서는 그 헌납되어야 하는 제물이 달라졌는데 신약성경은 결정적으로 그 제물이 십자가에 달리신 예수 그리스도임을 밝히고 있다.

헌신의 의미는 구약이나 신약이나 마찬가지다. 하나님과 인간의 관계 회복이라는 점에서 동일하다. 죄로 인해 하나님의 형상이 파괴되고 사랑의 관계가 멀어짐으로 예수 그리스도의 십자가 헌신은 바로 이것을 다시 회복하는 일이었다. 예수 그리스도의 십자가 헌신은 구속사적인 의미에서 아주 중요한 사건이다.

> 예수께서 큰 소리를 지르시고 운명하시다 이에 성소휘장이 위로부터 아래까지 찢어져 둘이 되니라 예수를 향하여 섰던 백부장이 그렇게

운명하심을 보고 가로되 이 사람은 진실로 하나님의 아들이었도다 하더라(막 15:37-39).

예수의 십자가 사건의 의미가 우리에게 주는 것은 예수께서 인간의 죄 때문에 불가능해진 하늘과 땅의 교통을 가능하게 하셨다는 것이며 이로 인해 하나님과 인간의 관계가 회복될 수 있는 길을 여셨다는 의미를 갖는다.

결정적으로 백부장의 "이는 진실로 하나님의 아들이었도다"(마 27:54)라는 고백은 이제 인간이 하나님을 하나님으로 고백할 수 있는 관계에 들어설 수 있게 되었음을 나타내 주고 있다. 즉, 하나님과 인간의 관계 회복이 예수 그리스도의 결정적인 헌신으로 나타난 것이다. 따라서 헌신은 철저하게 예수 십자가 사건을 통해 그 근거를 찾을 수 있다. 그러므로 우리의 헌신은 예수 그리스도의 헌신에 기반을 둘 때 그 헌신은 참으로 의미가 있다고 할 수 있겠다.

헌신은 인간들이 하나님의 이름을 빌려 절대화시킨 폐쇄적인 종교적 계율인 율법으로부터 자유하기 위해 몸을 던지는 행위이기도 하다. 이러한 사건을 통해 인간은 하나님을 볼 수 있고 만날 수 있게 된 것이다. 이러한 측면으로 볼 때 폐쇄된 율법 즉 인간과 하나님을 가로막는 율법으로부터의 자유라는 측면에서 예수님의 삶은 헌신 그 자체였다고 말할 수 있다.

그는 안식일에 한 손이 오그라진 사람의 손을 펴게 하여 폐쇄된 안식일 율법의 속박으로부터 그 사람을 해방시켰으며(막 3:1-6), 획일화된 율법주의와 종교적인 것, 즉 종교 그 자체에 가리어 하나님을 볼 수 없고 증거 할 수도 없었던 눈멀고 벙어리 된 사람들에게 진실을 보게 하기 위해 눈을 뜨게 하였다.

또한, 진실을 말하게 하기 위해 벙어리를 고치셨고(마 12:22-32), 외양적이고 가시적인 율법에 의해 구원받는 것이 아니라 자기 믿음, 자기가 직접 하나님에 대한 믿음을 고백함으로 구원받을 수 있음을 이야기했다.

> 예수께서 이르시되 딸아 네 믿음이 너를 구원하였으니 평안히 놓여 건강할지어다(막 5:34).

이러한 예수의 헌신적인 삶은 그의 십자가 사건에서 극치를 이룬다. 율법을 가로질러 복음과 은혜를 던져 준 사건은 몸 전체를 요구한 사건이기도 하다. 따라서 주를 위한 헌신은 주님으로만 헌신이 되어서는 안 되고 그 주님의 헌신이 나의 헌신이 되어져야 한다는 것이다. 예수 그리스도께서 우리를 위해 기꺼이 죽어 주셨다. 우리는 그 죽으심에 반응해야만 한다.

당신의 가슴 속에 십자가의 흔적이 있는가?

그렇다면 이제는 당신의 삶을 주를 위해 그 믿음을 보일 때이다.

당신의 뛰는 가슴 속에 하늘의 불이 타고 있는가?

그렇다면 그의 나라와 그의 영광을 위해 당신의 삶을 주님께 드려야 한다. 예수 그리스도께서 흘리신 피는 우리의 믿음을 요구한다. 이 흘리신 피를 깨달은 자만이 진정한 헌신자로 설 수 있다. 주를 위한 헌신은 계속되어야 한다. 이미 죽어 풀 한 포기 나지 않는 광활한 이 땅에 그리스도의 꽃을 피워야 한다.

우리가 이 땅에 남겨진 이유가 뭐겠는가?

진정한 헌신을 위해서다. 우리의 진정한 헌신이 이 땅에 하나님 나라를 이루게 될 것이다. 십자가의 죽음은 우리로 하여금 대가를 지불하게 한다. 그 죽음의 대가는 믿는 자들로 하여금 은혜 가운데로 인도하신다. 은혜를 입으면 주를 위해 헌신하게 된다. 그 헌신은 막연한 헌신이 아닌 생명을 담보로 한 헌신이다. 은혜를 입은 스데반이 주를 위해 희생할 수 있었던 것은 그의 생명보다 더 낳은 본향을 확신했기 때문이다.

헌신에는 희생이 따른다. 우리의 삶은 날마다 희생이 전제되어져야만 한다. 나를 죽이고 주를 드러내는 삶이 그것이다. 나는 죽고 나를 통해 사신 주 예수의 이름으로 선포할 때 악한 원수 마귀는 한 길로 왔다가도 일곱 길로 도망갈 것이다.

누가 주를 위해 헌신할 수 있는가?

은혜를 입은 자다. 하나님의 은혜가 입혀지지 않은 헌신은 형식에 불과하다.

무엇이 우리를 보다 나은 삶으로 인도할 수 있다고 생각하는가?

문명이나 과학기술, 사회의 구성원들에 의해 결정된 그 무엇도 왜곡된 세상을 근본적으로 바꾸지 못한다.

우리는 죄로 인해 왜곡된 인간의 실상은 그 무엇으로도 개선할 수 없다는 것을 알아야만 한다. 도덕적으로 착하게 사는 사람도 인격을 수양한 사람도 근본적으로는 선하지 않으며, 죄를 지을 상황에 놓여 있지 않을 뿐임을 알아야 한다. 인간의 그 어떤 노력으로도 근본적으로 세상을 변화시킬 수 없다. 오로지 세상 지혜와 비교할 수 없는 하나님의 말씀만이 세상과 사람을 변화시킬 수 있다. 그 완악했던 사도 바울도 다메섹 도상에서 예수님을 만나기 전에는 포악한 자였다. 하지만 그가 예수님을 만나 하나님을 대변하는 자로 서게 되었다.

무엇이 사도바울을 변화시켰는가?

바로 은혜이다. 그 은혜가 사도 바울로 하여금 헌신하게 하고 희생의 자리까지 가게 한 것이다. 당신의 삶에 잃어버린 것들에 대해 속상해 하거나 낙심하지 말라. 은혜는 보다 우리를 새로운 삶의 차원으로 인도할 뿐만 아니라 하나님 앞에서 복된 삶을 영위해 나갈 수 있는 원동력을 제공해 준다. 주를 위한 헌신은 이 땅에서 가장 복되고 복된 영역임을 잊지 말아야 한다.

인간이 하늘의 하나님께 헌신해야 하는 중요한 이유 중의 하나는 본래 인간은 죄인으로, 마귀의 자녀로서 영원한 죽음 가운데 있었지만, 사랑의 하나님께서 인간을 위해 독생자 예수 그리스도를 이 땅에 보내어 죄를 대속해 주심으로 구원을 허락받았다.

그리고 이 사실을 믿는 자는 구원해 주심으로 자유의 몸이 되도록 하셨다. 자유와 참 생명을 허락받은 인간은 하나님을 위한 삶을 살아야 한다. 그 자유와 생명을 허락받은 우리는 우리의 몸이 우리의 것이 아니라 하나님의 것이라는 사실을 깨닫고 언제나 예수를 위한 신앙으로 살아야 한다.

또한, 헌신해야 하는 이유는 자기 자신을 포함해서 자신이 가진 모든 것의 주인이 하나님이시기 때문이다. 그러므로 모든 그리스도인은 감사와 사랑에서 우러나오는 선한 청지기적인 삶을 살아야 한다.

> 주께서 이르시되 지혜 있고 진실한 청지기가 되어 주인에게 그 집 종들을 맡아 때를 따라 양식을 나누어 줄 자가 누구냐(눅 12:42).

이것의 모범을 보이신 예수님께서는 헌신을 요구하시고, 자기를 따르려거든 기꺼이 자기를 부인하고 제 십자가를 지고 따를 것을 말씀하고 있다. 만약, 당신이 은혜를 입은 자라면 몸으로, 마음으로, 시간으로, 물질로 헌신해야 할 것이다. 이것을 통해 우리는 하나님을 구체적으로 믿는 것을 증명해 보일 수 있기 때문이다.

그리고 나 중심적인 삶이 아닌 하나님 중심적인 삶이 되어야 할 것이다. 하나님이 나의 열심을 기뻐하실 것이라는 것은 큰 오산이다. 아벨과 가인이 똑같이 하나님께 제사를 드렸지만 아벨의 제사는 받았고, 가인의 제사는 받지 않으셨다.

무엇이 문제인가?

자기중심이냐, 하나님 중심이냐에 따라 하나님은 그것을 받으시기도 하시고 받지 않으시기도 하다. 하나님 중심의 삶은 항상 믿음과 연관되어 있다.

> 믿음으로 아벨은 가인보다 더 낳은 제사를 드림으로 의로운 자라 하시는 증거를 얻었으니(히 11:4).

믿음으로 살지 않은 것은 주 앞에 죄다.

> 믿음으로 좇아 하지 아니하는 모든 것이 죄니라(롬 14:23).

믿음은 하나님 말씀이 기준이 되어야 한다. 하나님 말씀에서 벗어난 것은 하나님이 기뻐하시지 않는다. 그러므로 우리의 모든 삶이 하나님의 말씀에 기준이 되어 살아가야 한다. 그래서 주를 위한 헌신은 나의 중심이 아닌 하나님 중심이 되어야 한다. 하나님 중심의 삶만이 우리를 더욱 위대한 헌신자로 만들기 때문이다.

9
결론 난 인생

우리 인생은 마지막이 아름다워야 한다. 마지막에 웃을 수 있는 자가 승자이다. 하나님 앞에서의 부끄러움이 없는 삶은 이미 결론 난 인생이라 할 수 있겠다. 광야와 같은 세상에서 처음 인생이 불행을 자초했다면 나중 인생은 축복된 인생으로 끝을 맺어야 한다. 혈루증 여인은 불행으로 시작했다가 축복된 인생으로 결론이 났다.

바로 예수그리스도를 만난 인생은 후회가 없다. 하나님 앞에 이름이 거론되는 자가 있고 이름이 거론되지 않은 자가 있다. 결론이 난 인생은 이름이 생명록에 기록되어 있다.

> 그러나 귀신들이 너희에게 항복하는 것으로 기뻐하지 말고 너희 이름이 하늘에 기록된 것으로 기뻐하라 하시니라(눅 10:20).

> 이기는 자는 이와 같이 흰옷을 입을 것이요, 내가 그의 이름을 생명책에서 결코 지우지 아니하고, 그 이름을 나의 아버지 앞과 그의 천사들 앞에서 시인하리라(계 3:5).

부자와 거지(나사로)의 이야기를 통해 알 수 있듯이 부자는 이름이 거론되지 않았고 거지는 나사로라는 이름이 거론되었다.

과연 우리는 하나님 앞에 어떤 존재인가?

그리고 과연 하나님 보시기에 결론 난 인생을 살아가고 있는가?

야곱은 얍복강에서 이름이 바뀌었다. 야곱에서 이스라엘로 바뀌었듯이 우리도 겉사람에서 속사람으로의 삶이 바뀌어져야만 한다. 겉사람인 육신의 삶을 추구하다 버림받은 인생이 될 것인지, 아니면 속사람인 영의 삶을 추구하며 성령의 인도하심 속에 택함 받은 믿음의 삶을 살 것인지 우리의 삶을 점검해야 할 것이다.

결론 난 인생은 지금부터 시작이다. 당신을 온전히 예수 그리스도 앞에 순복시켜야 한다. 인생의 주인이 바뀌지 않으면 안 된다. 인생의 왕이 누구인지, 우리의 삶에 나타나는 현상을 보면 알 수 있다. 열매 없는 삶은 가짜다. 모든 면에 있어 예수 그리스도가 왕이 되어야 한다. 그리고 주인이 되어야 한다. 이것이 바로 광야에서의 결론 난 인생이다.

히브리서 11장에는 믿음의 선진들이 등장한다. 이들이야말로 결론 난 인생들이다. 보이는 화려함과 세상의 유익과 성공을 택한 것이 아니라 그리스도 안에서 배설물로 여긴 자들이다. 삶의 미학은 진리를 추구하면서 생겨난다. 버림으로써 얻게 되는 것이 진리이다.

행복은 소유에 있지 않다. 나누고 베풀 때 진정한 행복이 있는 것이다. 오병이어의 기적도 나누고 베풀 때 기적이 일어났다. 나를 버려야만 얻게 되는 것이 성경의 가르침이다.

하나님 앞에서 결론 난 인생을 살고 싶은가?

하나하나 나의 것을 내려놓아야 한다. 인생은 태어날 때부터 자기 것이 없다. 욕심이 난무하는 지금 이 시대에 우리는 과연 무엇을 위해 살고 무엇을 위해 준비할 것인가를 고민해야 할 것이다.

날마다 나를 죽이고 부인하는 삶, 그리스도의 사랑을 실천하는 삶만이 천극을 소유하게 되는 것이다. 광야에서의 삶은 아직 끝나지 않았다.

그러나 그렇다 해도 결론 난 인생 앞에 무엇이 문제이겠는가? …

어둠의 터널을 지나면 광명의 새 날을 맞는 것처럼 고난의 터널을 지나 반드시 부활의 영광을 맞게 될 그날을 기대해 본다.

오늘의 슬픔이 내일의 춤이 되며 오늘의 눈물이 내일의 기쁨이 될 것인지 누가 알겠는가? …

은혜와 기쁨과 감격 속에 살아간다는 것은 결론 난 인생으로서의 종착역을 달려가고 있는 것이다. 우리의 삶은 이 땅에서의 삶이 마지막이 아니다. 결론 난 인생을 살아가는 자에게는 내일의 소망이 있고, 천국의 소망이 있다. 그리고 매일 매일 하나님을 기대하는 마음으로 살아간다.

예수 그리스도와 하나 된 자로 피 흘리기까지 푯대를 향해 나아갈 뿐이다. 잃어버린 것들에 애달파 하지 않는다. 살아있는 것들에 여념하지 않는다. 살아가는 일에도 탐욕을 부리지 않는다. 늘 나의 나됨 버리고 하나님의 뜻을 위해 자기를 희생한다.

사도 바울은 이것을 이렇게 고백하고 있다.

> 나는 날마다 죽노라(고전 15:31).

결론 난 인생은 현실의 삶에서 자기를 위해 살지 않는다. 오직 자기 피로 사신 자 예수를 위해 산다. 우리의 존재 가치는 하나님 앞에서 더욱 잘 드러난다. 결론 난 인생은 하나님을 본받는 인생으로 근심하는 자 같으나 항상 기뻐하고 가난한 자 같으나 많은 사람을 부요하게 하고 아무것도 없는 자 같으나 모든 것을 가진 자이다.

결론 난 인생은 현실에 안주하지 않는다. 현실을 미래로 개척하는 자이다. 하나님의 뜻을 이루기 위해 자신의 모든 것을 희생한다. 보아스는 룻에게 기업 무를 자가 되었다. 우리 믿는 자에게 예수 그리스도는 기업 무를 자인 것이다. 특히, 고대 이스라엘 백성에게서 기업은 자기 지파(가문) 전체 소유지에서 개인적으로 차지하는 몫의 땅을 가리킨다. 즉, 토지가 주된 기업이자 유산이다.

그래서 기업은 다른 지파 사람에게 넘겨줄 수 없었는데, 만약 그렇게 된다면 기업이 지파(가문) 전체 소유지에서 떨어져 나가게 된다. 예수 그리스도는 성육신을 통해 하나님의 아들로서 만물의 상속자가 되셨고(히 1:2), 구속 사역을 완성하심으로써 이를 믿는 자들이 하나님의 자녀 되는 길을 열어 놓으셨다.

예수 그리스도 안에 있는 성도에게 약속된 기업은 성령께서 우리로 하나님의 자녀 된 것을 인치시고 친히 기업의 보증이 되어 주심으로 받게 되는 것이다. 예수를 통해 누리게 되는 성도의 기업은 영생이요, 하나님께서 예비하신 나라이다.

이 기업은 현재 이 땅에서 누릴 수 있고, 궁극적으로 세상 종말에 영원히 누리게 될 상급이며 결론 난 인생이 소유하게 될 완성이다. 예수 그리스도께서는 십자가 위에서 결론을 내셨다. 인간이 안고 있는 죄 문제와 죽음과 운명과 팔자를 해결하셨다. 그러므로 우리는 결론 난 인생을 살아가는 것이다. 아직 이루어지지 않는 일들에 소망을 둘 수 있는 것은 예수 그리스도께서 결론 난 생애를 마치셨기 때문이다.

애굽에서 가나안까지의 여정은 실패와 성공이라는 두 가지를 안고 있다. 결론 난 인생은 순종의 삶을 살아간다. 아직 이루어지지 않은 일들에 대해 믿음으로 될 줄 믿고 반응하는 것이 결론 난 인생이 걸어가야 할 과제이다. 우리는 주님이 가신 그 길을 걸어가야 한다. 좁고 험한 이 길은 아무나 갈 수 있는 길이 아니다. 자신을 죽여야만 갈 수 있는 길이고, 자신을 부인해야만 갈 수 있는 길이다.

십자가의 비밀을 아는가? …

말없이 죽어 가신 그 예수님의 마음을 누가 알겠는가? …

마지막 결론 난 인생에게 주시기 위해 최후의 만찬을 하신 것도, 제자들의 발을 씻기신 것도 그 이유이다.

하나님은 만세 전부터 결론을 내리셨다. 그 결론은 사랑이다. 사랑은 죽음이다. 누구를 위해 죽는다는 것은 그 안에 사랑이 있기 때문이다. 사랑을 위해 위대함을 버리셨다. 그리고 인간이 되어서 인간이 안고 있는 문제와 인간의 삶을 사셨다. 다만 그에게는 죄가 없으시다.

인간의 행복을 위해 그가 먼저 희생을 통해 결론을 내셨다. 예수와 합한 자는 결론 난 인생이다. 세상이 감당할 수 없는 사람이 바로 결론 난 인생을 사는 자이다. 넓은 길 보다는 좁은 길을, 남들이 가지 않은 그 길을 가는 것이 결론 난 이들이 선택한 길이다.

벧세메스로 가는 두 암소처럼, 눈물 흘리며 세상 영광과 나의 의를 버리면서까지 가야만 했던 예수님의 그 길을 우리도 가야 할 것이다. 광야에서 펼쳐지는 세계는 실로 신비롭고 아름답다. 당연한 삶이지만 특별하게 살아가는 사람들의 삶이 바로 믿음의 삶이다.

세상은 취해야 얻는 방법을 선호하지만, 하나님의 나라는 버려야 취한다는 방법을 우리에게 고수한다. 〈행복은 성적순이 아니잖아요〉라는 영화가 있었다. 인생을 학교 성적으로 평가하는 잘못된 사상을 지적한 영화다. 이처럼 우리의 인생은 배우고, 소유한 것에 평가받는 인생이 아니라, 진리 앞에서 평가 받는 인생이다.

창조주가 피조물을 평가할 날이 반드시 올 것이다. 그것은 결론 난 인생을 사는 자에게는 구원과 소망의 날이 되겠지만, 그렇지 않은 자에게는 심판의 날이 될 것이다.

우리에게는 아직 가야 할 길이 멀다. 각자 주어진 삶의 길이가 얼마인지는 몰라도 생명을 부여하신 하나님 앞에 우리의 날을 계수해야 할 것이고, 우리의 삶을 잘 준비해야 할 것이다. 슬기로운 다섯 처녀와 같이 기름 등불 준비하는 준비된 삶만이 그날을 영광 중에 맞이할 것이다. 지금이 바로 그때를 위한 준비 기간이다.

여호와 앞에 선 다윗처럼 마치 승리를 예고한 듯 춤을 추는 그 모습 속에서 승리와 결론을 자축하는 멋진 찬양의 개가는 오늘 우리의 삶을 새롭게 디자인한다.

시작이 있으면 끝이 있고, 고난이 있으면 영광이 있는 것처럼 세월의 무상함 속에서 주께서 허락하신 연단 뒤에는 깨닫는 지혜와 선악을 분별케 하여 그리스도의 장성한 분량에 이르게 한다. 주께서 우리의 삶에 고난의 떡과 고난의 물을 허락하심은 우리로 지혜롭고 성결하게 하기 위한 섭리임을 알아야 한다.

사람은 만들어져야 한다. 죄로 부패된 마음과 생각과 우리의 모습은 삶에 그대로 드러나기 마련이다.

끊임없이 죽이고 죽여야 하는 우리의 죄의 본성을 십자가 주님 앞에 드리자!

오랜 세월 숨겨온 지난 날 죄의 과오는 십자가에 묻어 두자!

그것을 다시 캐내는 것이 사탄의 목적이다. 그러나 그 죄를 다시 묻지 않으시는 하나님은 다시 죄 된 삶으로 돌아가지 말라고 말씀하신다.

> 또 그들의 죄와 그들의 불법을 내가 다시 기억하지 아니하리라 하셨으니(히 10:17).

간음하다 현장에 잡혀온 여인에게 죄가 얼마나 심각한지를 알게 하셨고 그를 죄에서 자유하게 하셨다.

> 나도 너를 정죄하지 아니하노니 가서 다시는 죄를 범하지 말라 하시니라(요 8:11).

예수 그리스도 안에서는 정죄함이 없다.
이 확신 속에 거하라!
거한다는 말은 말씀 안에서 자신을 지키는 것이다. 끊임없이 죄와 싸우되 피 흘리기까지 싸워야 하며 약속의 말씀들이 삶에 그대로 묻어나도록 희생의 대가를 반드시 치러야 하는 것이다. 이것이 결론 난 인생의 삶이다. 그리스도와 매일 먹고 마시며 그분과 호흡하며 사는 것이다.

그러므로 이제는 내가 산 것이 아니라 내 안에 그리스도께서 사신 것이다. 우리가 사는 이유는 나를 사랑하셔서 자기 몸을 버리신 하나님의 아들 예수를 믿는 믿음 안에서 살아가는 것이다. 결론 난 인생의 삶은 분명 달라야 한다. 그의 삶이 그것을 증명하고 있고 그의 열매가 그것을 보증하고 있다.

삶에 묻어나는 이끼들을 보라!
세월의 흔적을 알려준다.
주님과 함께 한 삶은 반드시 흔적으로 남게 되어 있다.

> 이 후로는 누구든지 나를 괴롭게 하지 말라 내가 내 몸에 예수의 흔적을 지니고 있노라(갈 6:17).

순간순간 매일의 삶에서 결론 난 인생임을 삶으로 증명하라!

행위에는 반드시 상급과 그에 맞는 은혜가 주어질 것이다. 예수 그리스도 안에서는 이미 결론이 나 있다. 결론 난 인생의 삶과 그렇지 않은 인생의 삶은 다르다. 광야에서는 두 부류의 사람으로 확정된다. 목적 있는 삶과 목적 없는 삶, 가치 있는 삶과 무가치한 삶을 사는 자이다.

끝은 있기 마련이다. 결론 난 인생 앞에는 장애물도 위기가 아닌 기회가 될 수 있다. 결론 난 인생은 순간순간 자신을 위해 살지 않고 자기 피를 주고 우리를 사신 주를 위해 살아간다. 결론 난 인생을 삶으로 남은 생애가 기쁨으로 노래할 수 있길 바란다. 예수 그리스도를 통해 결론이 난 인생에는 또한 두려울 것이 없다. 천국이 보장되어 있기 때문이다. 성도의 시민권은 땅에 있는 것이 아니라 하늘에 있다.

그러므로 하나님의 자녀다운 삶을 살아야 한다. 천국의 시민은 다시 말하면 새로운 피조물로서의 변화된 삶을 사는 사람이다(고후 5:17). 우리는 이 사실을 잊지 말아야 한다. 우리는 하나님의 자녀이고, 그리스도의 신부이고, 성령의 전이라는 사실 말이다.

그러므로 세상에 유익을 주는 생활을 해야 한다. 참 그리스도인은 새사람으로서 좋은 행실의 열매를 맺고(마 7:16-18), 그리스도를 사랑하는 것처럼 인간을 사랑해야 한다.

그리스도인으로서 세상의 유익을 주는 것은 네 가지가 있다.

첫째, 소금의 생활이다.

죄로 인해 세상은 부패하였다. 그리스도인은 이 부패한 세상에서 소금의 역할을 해야 하는데(마 5:13) 소금이 맛을 내고 부패를 방지하며 물을 깨끗하게 하는 정수 작용을 하는 것처럼 세상을 본받지 말고(롬 12:2) 세상 사람들에게 유익된 말과 일을 해야 한다. 이 일은 소금이 녹아야 제 역할을 할 수 있는 것처럼, 자기의 희생을 필요로 한다.

둘째, 빛의 생활이다.

세상은 죄악으로 어두워졌다. 이 어두운 세상에 하나님은 그의 자녀들에게 빛의 사명을 주셨다(마 5:14). 빛의 자녀인 그리스도인들은 빛이 어두움을 몰아내며 만인에게 광명을 주는 것(마 5:14-16)같이 어두운 세상을 말씀의 빛으로 밝히고 어둠 가운데 방황하고 지친 자들을 생명의 빛이신 예수 그리스도께로 인도해야 할 것이다.

셋째, 향기로운 영적생활이다.

성경에는 그리스도인들에게 이웃을 향해 그리스도의 향기를 나타냄으로 하나님을 소개해야 한다고 말하고 있다(고후 2:14-16). 그리스도인은 어느 곳을 가든지, 무엇을 하든지 그리스도의 향기를 나타낼 수 있어야 한다. 이 향기는 악과 타협이 없고 정의를 나타내는 참된 신앙을 말한다.

넷째, 영적 승리의 생활이다.

그리스도인의 삶은 그야말로 세상의 악한 영들과의 싸움이다. 이 싸움에서 승리하는 방법은 오직 그리스도 안에 있음으로만 승리가 보장된다. 그리스도께서 승리하셨기 때문에 우리도 자연히 승리한다라는 것은 속는 것이다. 그 승리가 나의 승리가 되기 위해서는 삶 가운데 끊임없이 자기를 그리스도께 복종하는 훈련과 말씀에 순종하는 훈련이 필요하다.

　유혹과 시험이 끊이지 않는 우리의 삶에 요셉의 지혜가 필요하다. 요셉처럼 지혜롭게 피하며(창 39:12) "사탄아! 주 예수의 이름으로 나에게서 물러가라"고 외쳐야 한다. 그리고 하나님의 전신갑주로 무장해야 한다(엡 6:11-17).

　또한, 인내와 절제가 필요하다(고전 9:25; 히12:1). 그리고 요셉의 기름부음이 필요하다. 하나님께서는 그리스도인들에게 부를 약속하셨다. 그 부는 그리스도의 영광을 위한 부가 되어야 한다. 하나님은 우리로 하여금 시험을 통제해 주시고 위하여 중보해 주시며 그리스도가 친히 시험을 당하였으나 승리하신 것처럼, 믿는 그리스도인들 또한 반드시 감당할 수 있게 해 주심을 확신해야 할 것이다.

　이것이 바로 결론 난 인생의 삶이다. 우리의 삶은 그리스도가 표본이 되어야 하고 그분을 닮아가는 일에 노력해야 한다. 결국은 우리 신앙의 목표가 무엇을 이루기 위함이 아닌 예수 그리스도를 닮아 가는 일이 되어야 할 것이다. 이것이 광야에서의 결론 난 인생의 마침이다.

10

최후 승리를
꿈꾸며

우리는 일평생 그리스도와 좋은 관계를 맺어야 한다. 그것이 광야에서 주어지는 소명의 삶이다. 그러나 소명은 희생이 요구된다.

예수님은 소명이 있었기에 자기를 십자가에서 희생시키셨다. 예수님의 몸이 찢기고 피를 흘린 것처럼, 우리도 찢기는 떡과 부어지는 포도주가 되어야만 소명을 온전히 이룰 수가 있다. 찢기는 떡과 부어지는 포도주가 된다는 말은 예수 그리스도와 복음을 위해 괴로움과 고난을 받는 것을 의미한다.

단순한 희생이 아닌 나를 포기하고 말씀을 이루기 위해 말씀에 순종함으로 내 자신이 깨어지고 부서져서 고운 가루가 되는 것이다.

> 누구든지 소제의 예물을 여호와께 드리려거든 고운 가루로 예물을 삼아 … (레 2:1).

특히, 어떤 부분에 있어서는 내가 싫은 사람을 섬겨야 할 때도 있고, 많은 억울한 일을 참아야 할 때도 있다. 만약 이 부분을 포기하고 거부하고 피한다면 주님이 우리에게 주신 온전한 소명을 이룰 수 없다.

많은 이에게 맛을 내는 포도주가 되기 위해서는 말씀 앞에 내가 깨지고 부서져서 고운 가루가 되어야만 한다. 가루는 바람이 부는 데로 날아가게 되어 있다. 우리가 고운 가루가 될 때 성령께서 인도하시는 데로 나아갈 수 있고, 온전한 소명을 이룰 수가 있다. 우리는 빵과 포도주와 같은 예수님의 성품을 닮기 위해 고난을 깊이 묵상해야 하고 기꺼이 그리스도의 고난에 참여해야 한다.

하나님께서 우리의 삶을 원하시는 대로 쓰시기 위해서는 우리가 기꺼이 말씀에 순복하는 삶을 살아야 한다. 우리가 예수님의 손에서 찢겨진 떡이 되기 위해서는 기꺼이 주님의 손에 의해 빚어져야 한다.

그리스도만을 의지함으로 하나님과 바른 관계를 유지하라!

주님이 당신의 삶을 그가 원하는 대로 사용하시도록 간구하라!

그러면 주님은 당신의 희생과 고난의 삶을 통해 다른 사람이 생명의 유익을 얻는 떡과 포도주를 만들어 내실 것이다. 이것이 최후 승리의 삶을 보장받는 길이다. 최후 승리를 얻기까지 주님의 십자가를 사랑해야 한다. 영광의 면류관을 얻기까지 이 땅에서의 싸움은 계속 될 것이다. 그 싸움은 우리의 혈과 육의 싸움이 아니요 정사와 권세 잡은 하늘에 있는 악의 영들에 대한 영적인 싸움이다.

예수님은 십자가 위에서 이미 승리하셨다. 우리는 이미 승리한 싸움을 이 땅에서 다시 싸우고 있는 것이다. 광야에서의 최후의 싸움은 그리스도에 대한 우리의 희생과 헌신이 없이는 불가능하다.

예수 그리스도께서는 십자가의 죽음을 통해 이 땅에 생명을 잉태하셨고 죄와 허물로 죽었던 인생들에게 부활의 첫 열매가 되셨다. 최후의 승리를 바라보며 주어진 삶에 감사와 더불어 사명과 소명의 끈을 놓지 않아야 한다. 우리의 삶은 예고된 싸움이며, 보장된 싸움이다.

그리스도의 '의'를 이루기 위한 우리의 인내는 약속을 받아내게 한다. 언제나 새로운 삶이 보장되지는 않더라도 우리는 창조적인 삶을 살아야 한다. 세상과는 정반대의 삶을 사는 것이 그리스도인의 삶이다. 누가 대신 살아 주는 삶이 아닌 그리스도와 함께 사는 삶이다. 우리 자신의 욕망은 세상을 향해 있다. 그러나 우리는 이미 세상에 대해 죽은 자임을 알아야 한다.

> 내가 그리스도와 함께 십자가에 못 박혔나니 그런즉 이제는 내가 산 것이 아니요 내 안에 그리스도께서 사신 것이라 이제 내가 육체 가운데 사는 것은 나를 사랑하사 자기 몸을 버리신 하나님의 아들을 믿는 믿음 안에서 사는 것이라(갈 2:20).

예수를 믿는 믿음으로 사는 것이 승리를 보장받은 그리스도인의 삶임을 기억해야만 한다. 원수 마귀는 끊임없이 이것을 조롱하고 우리로 하여금 육체의 일을 도모하게 만든다. 육체의 일은 현저하다. 세상으로부터 온 모든 것이 육체 안에서 이루어진다. 최후의 승리는 믿음으로 사는 자에게 주어진다. 믿음으로 사는 자는 언제나 하늘의 위로가 있다. 무슨 일을 만나도 두려워하거나 당황하지 않는다. 이미 승리하신 예수 그리스도께서 계시기 때문이다.

온전한 연합은 그리스도로 말미암아 생명을 낳게 한다. 많은 이에게 유익과 참된 평안을 줄 수 있는 것은 그리스도와 연합을 이루었기 때문이다.

고난의 길목에 서 있는가?

당신이 만약 고난의 길목에 서 있다고 한다면 그리스도와 하나가 될 수 있는 절호의 기회임을 잊지 말라. 그리스도와 연합을 이룬 자는 의와 평강의 열매를 맺는다. 감춰진 만나의 비밀은 아무에게나 주어지지 않는다. 복음의 비밀은 그리스도와 함께 고난을 받고 육신의 자아가 완전히 깨진 자에게 주어진다. 광야에서의 삶이 그런 것이다.

승리를 위해 싸우라!

그리고 척박하고 황무한 땅을 예수의 이름으로 개간하라!

그것이 막막하고 길이 보이지 않는 광야와 같은 세상에서 길을 내는 것이고 주의 영광을 보게 되는 것이다.

빈손으로 왔다가 빈손으로 가는 인생일진데 무엇을 더 원하는가?

그리스도께서는 이미 자신을 전부 우리에게 주셨다. 이제는 우리가 드려야 한다. 주님 앞에서 쪼개지는 아픔과 세상과는 구별된 쪼개진 산제사가 필요하다. 승리를 자축할 수 있는 사람은 모든 일에 자신을 하나님께 드려진 자이다.

우리에게 주어진 삶이 짧건, 길건 그것은 중요하지 않다. 짧게 살아도 하나님이 인정하는 삶이 있고, 길게 살아도 하나님이 인정하지 않는 삶이 있다. 하나님이 인정하는 삶이 바로 승리의 삶이다.

그 부르심에 믿음으로 반응하라!

환경에 굴복하기보다 말씀에 당신의 삶을 전부 드려라!

우리의 인생길은 그리 녹녹치 만은 않다. 그래서 때로는 넘어지기도 하고 실패하기도 한다. 예측할 수 없는 인생길에는 수많은 위험이 도사리고 있다. 그러므로 인생의 목자 되시는 하나님과 함께 걸어갈 때만이 안전할 수가 있다.

내가 누구로부터 인정받기 전에 먼저 남을 인정해야 한다.

받는 것보다 주는 자가 되라!

삶이 풍성해 질 것이다. 그리스도는 우리의 마침과 풍성함의 결실이 되셨다.

인간은 연약하고 약한 존재이다. 그러나 하나님은 인간에게 최후의 승리를 약속하셨고 또한 이 땅에의 지침도 주셨다. 순종하는 자에게는 최후의 승리를 얻을 것이지만 불순종하는 자에게는 실패가 주어진다는 사실이다.

아벨은 순종하여 그 제사가 열납 되었고, 가인은 불순종하여 그 제사가 열납 되지 않았다. 인간이 아무리 이 땅에서 최선을 다해 산다고 해도 하나님께서 창조하신 창조 목적에 따라 살아야 한다. 그것이 하나님께 열납 되는 삶이다. 하나님께 매일 매일 열납 되는 삶은 승리가 주어지는 삶이다. 스데반의 희생과 열납으로 초대 교회의 부흥이 태동되었다. 오늘날에도 하나님께 대한 우리의 희생과 열납은 삶에 대한 새로운 희망과 최후의 승리를 가져온다.

당신의 가장 귀한 옥합을 주님 발 앞에 깨뜨리라!

그것은 당신의 삶에 있어 가장 중요한 부분이다. 최후의 승리를 바라보며 오늘의 삶에 기꺼이 나 자신이 그리스도의 고난에 참예하는 자가 되어야 한다. 사도 바울은 그리스도의 고난을 자기의 남은 육체에 채운다고 고백하고 있다. 고난은 최후 승리를 알리는 빵빠레와 같다. 고난이 있기에 영광이 있듯이, 고난이 없는 삶은 그리스도와 무관한 삶이다. 고난을 통해 나 자신이 희생의 떡이 되어야 하고 맛나는 포도주가 되어야 한다. 삶은 그런 자에게 정직한 열매를 맺게 한다. 광야에서 우리는 최후의 승리를 다짐해 본다.

인생은 마라톤과 같다. 쉬지 않고 달려가는 자에게 승리가 예비되어 있다. 우리는 순간순간 승리를 자축해야 한다. 다윗은 아비새로부터 도욕과 저주 섞인 언사를 받았다. 그러나 그것이 다윗에게는 아무런 영향을 주지 못했다.

생명 없는 말이나 행위에는 반드시 하나님의 심판이 따른다. 따라서 의미 없는 말이나 환경에 마음이 상해서는 안 된다. 다윗은 하나님께서 하실 새로운 일들을 알았기에 세상의 공격 앞에서도 태연하고 담대할 수 있었던 것이다. 새롭게 시작한다는 것은 최후 승리를 바라보고 그 일에 임하는 것과 같다.

없는 가운데에서도 감사할 수 있는 것은 모든 주권이 살아 계신 하나님께 있기 때문이다.

나와 다르다고 해서 남을 비판하거나 정죄하면 안 된다.

그래서 기다린다는 것은 남을 세우는 역할을 한다. 우리 자신이 그리스도 안에서 세워지기까지 하나님은 얼마나 기다리셨는가! …

오늘의 고통이 내일의 영광이 될 수 있는 것은 주어진 삶에 소명이 있기 때문이다.

소명 때문에 당신 자신을 버릴 수 있는가?

성령께서는 자기를 십자가에 죽인 자를 통해 선한 역사를 이루어 가신다. 십자가의 복음은 우리를 고난과 낮은 곳으로 이끌어간다. 복음의 진한 진 맛을 느낀 자는 자기를 희생의 제물을 드리는 것을 주저하지 않는다.

최후의 승리를 얻기까지 주님의 십자가를 사랑하라!

순교적인 삶을 살라!

생활 속에 순교적인 삶은 우리를 영광으로 이끈다. 광야에서 만나는 모든 일은 전부 의미가 있다. 그 의미는 때로 인간이 풀 수도 없고 이해할 수 없는 일들로 가득하다. 인간 역사에서 이해할 수 없는 일들은 하나님의 해석 속에 이루어진다.

피조물인 인간이 어떻게 창조주의 하시는 광대한 일들을 다 알 수 있겠는가? (전 3:11)

내일 일을 알 수 없는 인간이기에 하나님 앞에서의 삶인 것이다. 하나님 앞에서의 삶이란 순종하는 삶이다. 순종해야만 목적하는 곳에 이를 수 있다. 길이 험난할지라도 믿음의 길을 가야하는 것이 사명을 가진 자가 가야 할 일이고 십자가 사랑을 경험한 자가 가야 할 일이다.

최후의 1인자는 현재의 삶을 즐기는 자이다. 즐긴다는 것은 쾌락과 세상 안락이 아닌 하나님 말씀을 통해 나의 남은 육체의 몸에 채우는 것이다.

> 나는 이제 너희를 위하여 받는 괴로움을 기뻐하고 그리스도의 남은 고난을 그의 몸 된 교회를 위하여 내 육체에 채우노라(골 1:24).

육체의 남은 때를 주를 위해 불사르라!
주를 위해 한 알의 밀알이 돼라!
최후의 승리를 위해 주어진 시간을 주를 위해 헌신하라!

그러면 인생의 참 행복과 기쁨의 날을 맞이할 것이다. 주 안에서의 삶은 복되다. 그 안에서 흘리는 눈물은 값진 보석이 되어 돌아올 것이다. 지금의 당신이 미래를 결정할 것이다.

세월을 아끼라!

육체의 남은 때는 주께서 주시고 허락한 기회이다. 일평생 사는 동안 슬픔과 기쁨이 교차하는 과정 속에서 배우는 지혜는 더 크다. 눈물 속에서 의미가 다르고 슬픔과 기쁨 속에서의 의미가 다른 것처럼 당신이 삶을 통해 겪는 부분들은 삶의 활력소로 남을 것이다.

때로는 우리가 우리 자신을 모를 때가 있는 것처럼 세상에 일어나는 일들을 알 수 없다. 사탄은 고난을 통해 믿음을 잃어버리게 만드는 것이 주 목적이고 하나님은 고난을 통해 성도들이 더욱 믿음의 사람으로 세워가는 데 목적을 두고 있다.

그런데 하나님의 계획 속에서 사탄이 악한 목적을 이루는 일도 있다. 욥기에 그 예가 나온다.

> 여호와께서 사탄에게 이르시되 내가 그를 네 손에 맡기노라 다만 그의 생명은 해하지 말지니라 사탄이 이에 여호와 앞에서 물러가서 욥을 쳐서 그의 발바닥에서 정수리까지 종기가 나게 한지라(욥 2:6-7).

모든 것이 창조주 하나님의 손에 의해 계획되어지고 이루어지는 것이다. 그 섭리 앞에 인간은 묵묵히 감사하고 순종할 뿐이다.

요한 계시록 6장에는 네 마리의 말이 등장한다. 흰 말은 적그리스도이며, 붉은 말은 전쟁을 의미하며, 검은 말은 기근을 의미하며, 청황색 말은 사망을 의미한다.

특히, 흰 말의 등장은 미혹하는 자로 의인인 척 위장하고 성도들을 속이고 패배시키려는 적그리스도를 말한다. 스스로 위장하여 활살이 없는 활을 가짐으로 기만하는 행위를 보여 주고 있다. 화살이 없는 활을 가졌다는 것은 기만하는 것을 말한다.

> 이에 내가 보니 흰 말이 있는데 그 탄자가 활을 가졌고 면류관을 받고 나아가서 이기고 또 이기려고 하더라(계 6:2).

그런데 여기 요한계시록 6:2의 면류관은 '스테파노스' 즉, 일시적이어서 시들어 버리는 월계관을 말하고, 요한계시록 19:14의 면류관은 '디아데마'로 금 면류관을 말한다.

그러므로 승리는 우리에게 있는 것이 아니다. 승리하신 예수 그리스도께 있는 것이고, 예수 그리스도로 인해 승리가 우리에게 주어지는 것이다. 예수 그리스도의 승리가 곧 우리의 승리인 것이다. 그러므로 최후의 정상에 서는 그날까지 순례의 길을 걸어가자. 광야에서의 삶은 곧 천국으로 이어지는 계단이 될 것이고 마침내 영광의 주님을 기쁨으로 맞이할 것이다.

옥합을 깨뜨린 여인의 삶은 하나님께 드려진 헌신의 삶이었음을 기억하라!

자신을 위해 생명을 아끼지 않은 그 주님이 누구인지를 알았기에 기꺼이 가진 옥합을 깨뜨릴 수 있었다. 그 십자가의 사랑을 체험한 자는 하나님 앞에 드려지고 헌신하는 자이다. 세상 사람들은 그것을 낭비라고 여길지 모르지만 우리 주님이 보실 때 너무나 귀한 것이다. 최후의 승리를 아는 자는 삶이 아깝지 않다. 주님을 위해 베풀고 섬기는 아낌없는 삶을 살아간다.

이 땅에서의 삶이 끝이 아닌 최후의 승리의 삶을 기억하며 오늘의 삶을 기쁨으로 맞이하자. 하나님과 깊은 사랑의 교제의 영적인 만남과 깊은 영적 친밀함, 그리고 거룩한 임재 속에 끊임없는 아버지의 사랑의 음성을 듣는 삶은 우리로 하여금 확실한 미래와 최후의 승리가 보장될 것이다.

주어진 삶이 어떠할지라도 그것은 당신에게 희망과 소망을 주고자 하시는 하나님의 메시지가 반드시 담겨져 있다. 삶을 해석한다는 것은 그리 쉬운 일이 아니다. 그러나 고난 중에 있는 자에게는 위로와 격려가 답이 될 수 있다. 그리고 마음을 같이 나누는 것이다.

　삶은 정해져 있지 않다. 끊임없이 개척하고 창조해야 한다. 인간은 운명적으로 타고 난 존재가 아닌 필연적인 존재이다. 세상은 넓지만, 그 안에서 살아가는 인간은 마치 집을 짓는 건축자와 같이 하나의 목표를 위해 달려간다. 즉, 행복을 꿈꾸며 만들어 가는 것이다.

　이 땅에 존재하는 인간은 누구나 행복하기를 원한다. 모든 것이 나의 기준에 맞춰져야 하는 행복은 있을 수 없다. 행복은 내가 이루어 가는 것이다. 진정한 행복은 하나님께서 인간 피조물에게 준 선물이다.

　십자가를 사랑하라!

　십자가를 사랑하는 것만이 최후 승리를 보장받는 길이다. 쉬우면서도 삶의 편안함과 안정 때문에 모두가 십자가를 멀리한다. 넓고 낮은 길 가는 사람은 많아도 험하고 높은 이 길을 가는 사람은 많지 않다.

　누가 자기를 희생하면서까지 주의 십자가 길을 가려고 하겠는가?

　십자가를 지는 자가 최후의 승리자이다. 주님을 위해 희생의 대가를 치르는 자가 최후의 승리자이다.

　여호와께서 기억하시는 한 사람이 돼라!

　그것은 예수 그리스도께서 물과 피를 다 쏟으신 것처럼 내 일생을 주님 앞에 불사르는 것이다. 벧세메스로 가는 암소처럼 푯대를 향해 나아가는 거룩한 발걸음이 당신에게 있기를 축복한다.

　사명을 발견하라!

　예수 그리스도의 죽음을 경험한 자만이 사명을 발견하게 된다. 주님이 부르시는 그날까지 주님의 기쁨이 되라!

주님이 부르시는 그날까지 사명을 감당하라!

주님이 부르시는 그날까지 하나님의 계산에 못 미치는 자가 되지 않길 바랄 뿐이다. 주님의 기쁨이 곧 당신의 기쁨이 되어야 하고, 주님의 아픔이 곧 당신의 아픔이 되어야 한다.

우리는 일생 수고하지만 결국 고통에 처할 뿐인 죄인의 실상임을 깨달아야 한다. 수고에 대한 합당한 대가가 있다면 인생을 방관할 수도 있겠지만 현실은 그렇지 않기 때문에 인생의 본질을 바라보는 바른 시각이 우선되어야 한다.

현재 우리가 얻기 위해 애쓰는 것들은 우리 삶을 개선하거나 참된 만족을 줄 수 없기에 그것에 소망을 두지 말아야 한다. 고통뿐이며 덧없는 세상이기에 하나님 없이 미래를 설계하는 것은 헛될 뿐이다. 수고하고 무거운 짐 진 죄인을 쉬게 하시는 예수 그리스도께 우리의 삶을 맡겨 드리자(마 11:28). 하나님 앞에서 끊임없이 구하고 찾는 삶은 우리의 인생에 건강한 영양소를 공급받게 한다.

우리는 아버지의 마음을 달라고 기도해야 한다. 그리고 예수님의 눈과 심장과 손으로 세상을 향해 나아가야 한다. 이것이 하나님께서 당신을 이 땅에 남겨 두신 이유이다. 하나님을 향한 뜨거운 사랑과 영혼을 향한 간절한 사랑은 그 무엇을 주고도 바꿀 수 없는 우주적 진리이다. 최후의 승리는 바로 사랑의 영을 받은 자에게 주어질 것이다.

초림 예수는 구원의 주로 오셨지만, 다시 오실 재림 예수는 심판의 주로 오실 것이다. 슬기로운 다섯 처녀와 같이 영적으로 깨어있는 자만이 그날을 기쁨으로 맞이할 수 있을 것이다. 보이는 환경에 현혹되기보다 정결하고 거룩한 주님의 신부로 그날을 소망 가운데 바라보며 살아가길 기대해 본다.

맺음말

　광야는 세상을 살면서 부딪히는 많은 현실 속에서 잃어버린 자기를 찾아가는 과정과 그 과정 속에서 하나님의 뜻을 발견하게 하려는 의도가 숨겨져 있다. 광야를 통해 던지는 메시지는 분명하고 명확하다. 보고, 듣고, 경험하는 일들은 우리 자신의 존재를 설명하고 있고 미래를 설정하고 있다는 것이다.

　저자의 의도는 간단하다. 누구나 건강하고 행복한 삶을 꿈꾸는 이들에게 이 광야가 하나의 보금자리로 남고 싶다는 마음이 온 독자분께 전달되기를 바라는 마음과 또 많은 분이 이 책을 통해 삶을 해석하고 분별할 수 있는 지혜가 있길 바랄 뿐이다.

　이 책을 대하는 모든 분이 저마다 삶의 자리에서 인생의 궁극적인 목적과 삶의 방향을 잃지 않도록 도와줄 것이다. 똑같이 반복되고 있는 삶이라도 그 삶을 바라보는 시각이 저마다 다르기 때문에 하루를 최고의 작품으로 디자인하라고 권면한다. 지금도 삶의 터전 위에서 열심히 살아가시는 당신을 축복하며 저자의 마음이 조금이나마 전달되기를 바랄 뿐이다.

　웃음을 잃어버린 자에게는 웃음을, 외롭고 슬픈 자에게는 즐거움과 기쁨을 선사하는 것이 이 책의 집필 의도이다. 인생의 분명하고

도 절대적인 가치를 추구하고자 하는 방향은 이 책에서 발견할 수 있을 것이다. 누구나 선택된 존재라고 한다면 인생은 누구나 즐거울 것이다. 그가 잘났든 못났든 가진 자이건 없는 자이건 상관없다.

하나님으로부터 사랑받고 있다는 사실을 알게 된다면 이 하나만으로 인생은 행복하고 살맛 나는 것 아니겠는가?

이 책은 많은 것을 생각하게 한다. 그리고 당신이 서 있는 그 자리는 하나님께서 허락하신 최고의 자리라는 것을 알기를 바란다. 힘을 내서 열심히 믿음으로 산다면 도우시는 주님의 손길을 반드시 경험할 것이다.

당신을 향한 하나님의 사랑은 변함이 없다. 그것은 이미 이뤄 놓으신 그 사랑을 당신이 당신의 삶을 통해 발견하는 것이다. 때로는 고난과 시험과 역경과 시련을 통해서 말이다. 이 광야가 어떤 이들에게는 삶의 해소와 비타민 역할을 해 줄 것이고 어떤 이들에게는 치유와 회복의 길잡이가 되어줄 것이다.